国家中等职业教育改革发展示范学校特色教材
（物流服务与管理专业）

# 仓储作业实训

陈 玲 李 蔚 主 编

张敏霞 刘文勇 副主编

中国财富出版社

**图书在版编目（CIP）数据**

仓储作业实训／陈玲，李蔚主编．—北京：中国财富出版社，2014.9

（国家中等职业教育改革发展示范学校特色教材．物流服务与管理专业）

ISBN 978 - 7 - 5047 - 5276 - 5

Ⅰ. ①仓…　Ⅱ. ①陈…　②李…　Ⅲ. ①仓库管理—中等专业学校—教材　Ⅳ. ①F253.4

中国版本图书馆 CIP 数据核字（2014）第 138370 号

| | | | | | |
|---|---|---|---|---|---|
| **策划编辑** | 崔　旺 | | **责任印制** | 方朋远 | |
| **责任编辑** | 敬　东　崔　旺 | | **责任校对** | 杨小静 | |

| | | |
|---|---|---|
| **出版发行** | 中国财富出版社（原中国物资出版社） | |
| **社　　址** | 北京市丰台区南四环西路 188 号 5 区 20 楼 | **邮政编码**　100070 |
| **电　　话** | 010 - 52227568（发行部） | 010 - 52227588 转 307（总编室） |
| | 010 - 68589540（读者服务部） | 010 - 52227588 转 305（质检部） |
| **网　　址** | http://www.cfpress.com.cn | |
| **经　　销** | 新华书店 | |
| **印　　刷** | 北京京都六环印刷厂 | |
| **书　　号** | ISBN 978 - 7 - 5047 - 5276 - 5/F·2183 | |
| **开　　本** | 787mm×1092mm　1/16 | **版　次**　2014 年 9 月第 1 版 |
| **印　　张** | 16.75 | **印　次**　2014 年 9 月第 1 次印刷 |
| **字　　数** | 387 千字 | **定　价**　32.00 元 |

# 前　言

　　《仓储作业实训》是物流服务与管理专业的核心课程。本教材为了配合目前中职理实一体化教学模式改革，以适度、够用为原则，适当甄选理论知识。全书依据物流企业对仓储技术人才的实际需求确立典型的实训任务，以技能操作训练为主线，每个实训任务均采用实训情境导入，明确实训目标，并大量使用实际操作图片作为技能实训的指引，使学生在学习过程中易学、乐学、活学，体现了"做中学、学中做"的教学理念。

　　本书主要内容包括：仓储认知实训、仓储设备与设施实训、入库作业实训、在库作业实训、出库作业实训、3D仓储系统实训、仓储系统业务操作实训、综合物流系统业务操作与硬件实训。

　　本书由江西省商务学校流通技术系教师与深圳华软新元科技有限公司人员共同编写，主编陈玲、李蔚，副主编张敏霞、刘文勇。全书由陈玲负责总纂、修改并统稿，李蔚、张敏霞负责审稿。具体章节编写分工如下：张敏霞编写项目一，陈玲编写项目二，胡婧文编写项目三，杜月奴、李蔚编写项目四，刘文勇编写项目五，艾进兰、深圳华软新元科技有限公司刘智编写项目六，刘坚强、深圳华软新元科技有限公司卢少华编写项目七，陈玲、深圳华软新元科技有限公司刘智编写项目八。

　　由于本书编者水平有限，难免有错误和不足之处，恳请使用本书的各界人士不吝指正。

编　者

2014 年 5 月

前 言

# 目  录

# 项目一　仓储认知实训

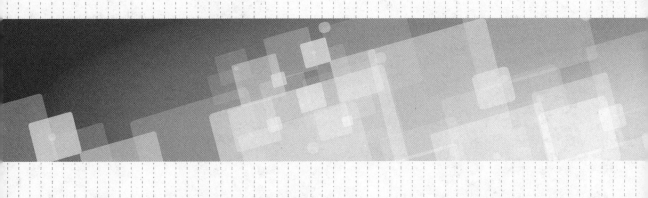

# 任务一 仓储企业调研

**【任务情景】**

组织物流专业的学生到本地签订校企合作协议的物流公司参观，首先公司业务主管介绍公司概况及业务流程，然后由学生发放调研问卷，请公司安排适当的时间让员工填写，学生收集已填好的调研问卷，并进行汇总、统计、分析。

**【实训目标】**

通过对不同类型的仓储企业调研，使学生对仓储业务具备一定的认识，清楚仓储工作任务及业务流程、了解仓储企业各岗位职责，激发学生学习专业知识的兴趣，为今后的就业奠定职业基础。

**【实训相关知识】**

## 一、仓储管理的基本知识

"仓"即仓库，为存放、保管、储存物品的建筑物和场地的总称，可以是房屋建筑、洞穴、大型容器或特定的场地等，具有存放和保护物品的功能。"储"即储存、储备，表示收存以备使用，具有收存、保管、交付使用的功能。仓储是指以仓库为媒介对物品进行储存与保管活动。

仓储是产品生产、流通过程中因订单前置或市场预测前置而使产品、物品暂时存放。它是集中反映工厂物品活动状况的综合场所，是连接生产、供应、销售的中转站，对提高生产效率起着重要的辅助作用。同时，围绕着仓储实体活动，清晰准确的报表、单据账目、会计部门核算的信息也同时进行着，因此仓储是物流、信息流、单证流的合一。

### （一）认识仓储管理

仓储管理就是在仓库及其储存活动管理中，运用先进的管理原理和科学的方法，对仓储经营活动进行计划、组织和控制，充分利用仓储资源，以实现最佳的协调与配合，降低仓储管理成本，获得良好的仓储效益。

### （二）仓储管理基本原则

仓储管理基本原则是多、快、好、省。

（1）多：要充分利用仓储空间，增加仓储容量。

— 3 —

（2）快：采用机械、自动化手段提高仓储作业效率，实现库存物品快进快出。

（3）好：保护好物品，使库存物品不发生量变、质变。

（4）省：采取合理化管理措施，降低仓储管理费用，提高经济效益。

## （三）仓储管理基本要求

物品在仓储管理过程中必须按以下要求进行管理：

（1）三化：管理规范化、存放系列化、养护经常化。

（2）四保：保质、保量、保安全、保急需。

（3）三清：材料清、规格清、数量清。

（4）八防：防水、防锈、防腐、防鼠、防虫、防雷、防盗、防火。

（5）三一致：账、物、卡保持一致。

（6）两整齐：库区整齐、工位整齐。

# 二、仓库各岗位职责

## （一）仓库主管岗位职责

（1）负责仓库的管理工作。

（2）负责账实相符的稽查工作。

（3）做好仓库成本控制。

（4）负责提高仓库利用率。

（5）负责与其他部门沟通，解决跨部门合作问题。

（6）负责公司仓库管理工作的汇报以及编写仓库管理各类报表。

（7）负责做好部门下属员工的培训工作和思想教育工作，增强部门的工作效率和凝聚力。

## （二）仓库记账员岗位职责

（1）负责物料采购、入库、出库等业务的审核、制单与打票及出、入库单据的分发、传递和登记。

（2）对采购价格、销售价格进行核对和备案。

（3）熟悉各类物料进、销、存管理规定，并严格把关。

（4）做好发外业务的数据录入与业务跟进，保证发外物料数据的准确性，并做好动态跟进与核对，对过期未回收的物料要及时追踪上报。

（5）负责物料流转手续及流程的把关和完善，对存在的问题要及时反映并提出合理化建议。

（6）定期和不定期与仓管员核对实物，及时按规定调整库存差异。

（7）完成上级交办的其他工作任务。

（三）仓库保管员岗位职责

（1）确保账、卡、物三者一致及系统处理的及时性与准确性，严格控制负库存；做好物料状态标识，降低错发物料风险。

（2）对分管物料的储存质量、呆滞情况、不合格物料进行动态跟踪，按仓库主管的要求及时反映物料积压、呆滞及不合格物料情况，并积极处理上述物料。

（3）严格按要求接收订单物料，既要坚持原则性又要讲求灵活性，协助相关部门对分管物料库存的控制。

（4）负责维护分管物料所辖区域库容的保持、整洁，严格按公司仓库管理制度要求存放物料并采取有效措施确保分管物料的安全性、完整性及防护、防尘等措施落实到位；确保公司物料存放有序，整齐划一，保养有道。

（5）完整、及时传递原始单据，并按要求对单证归档管理。

（6）处理好与相关部门的工作关系，建立良好的工作沟通渠道；树立为生产车间服务的意识，把好生产物流链的源头关，同时保证物流下游的顺畅；及时将分管物料短缺、呆滞和过量等采购情况向采购部门反映。

（7）积极协助仓库主管工作，并接受其工作指导、监督与考核。

（8）完成上级交办的其他工作任务。

## 三、仓库作业流程

仓库作业一般要经过入库验收、在库管理、出库发货三个环节，如图 1-1 所示。

【实训要求】

1. 建立小组，每小组 6～8 人，设组长一名，由组长协助教师维护参观秩序。

2. 未经物流中心工作人员允许不得擅自触碰物流设备设施。

3. 参观回校后以小组为单位提交参观报告，并以 PPT 形式向全班同学汇报参观结论。

【实训地点】

南昌本地的仓储企业。

【实训时间】

整个实训过程安排 4 课时。

【实训工具】

笔、笔记本和台式计算机。

【实训步骤】

1. 教师组织学生到本地的仓储企业参观。

2. 每组学生为一个单元，记录该企业的业务流程及对不同岗位人员素质要求等方面的内容。

3. 全体学生与企业工作人员进行座谈交流，并发放调研问卷。

4. 以小组为单位整理参观记录，进行书面参观总结（可适当附加一些数据或图片

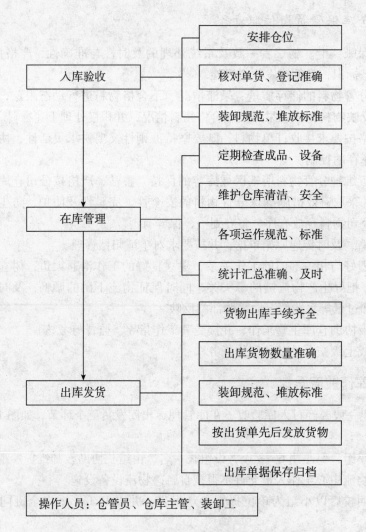

图 1-1　仓库作业流程

等能支持总结论点的资料）。

5. 以小组为单位将参观总结制作成 PPT，进行全班汇报。

6. 由实训教师对调研报告进行总结和评价。

**【注意事项】**

1. 外出参观时必须遵守学校有关实训管理制度，服从带队老师的指挥，不得擅自离队，注意出行安全。

2. 在参观过程中必须服从物流公司业务员的指挥，认真听讲，礼貌提问，不做有损学校形象和声誉的事情，不能影响企业的正常作业。

3. 调研报告要组织讨论，集思广益，认真撰写，不得抄袭。

## 【实训评价】

表 1 - 1　　　　　　　　　　　仓储企业调研能力训练评价

| 考评人 | | 被考评人 | | |
|---|---|---|---|---|
| 考评地点 | | | | |
| 考评内容 | 仓储企业调研能力 | | | |
| 考评标准 | 具体内容 | | 分值（分） | 实际得分（分） |
| | 调研记录内容全面、准确性高 | | 25 | |
| | 调研的书面总结及时、认真 | | 25 | |
| | 作业流程描述详细、完整 | | 20 | |
| | 阐述问题语言清晰流畅 | | 20 | |
| | 参观过程纪律表现良好，着装、仪态、礼节合乎要求 | | 10 | |
| 合　计 | | | 100 | |

注：考评满分为 100 分，60～74 分为及格；75～84 分为良好；85 分以上为优秀。

# 任务二　测绘仓库平面

**【任务情景】**

　　江西省诚信仓配中心拟接受一批物品存放，分别是 ppc 水管、盒装食品、模具、零部件等，按照物品特性、货架种类选择合适的存放区域。

**【实训目标】**

　　通过测量仓库的各个区域面积，了解仓库布局情况，掌握仓库物品存放的要求，学会对库区进行合理布置。

**【实训相关知识】**

## 一、仓库货区布局要求

　　仓库货区布局，是指根据仓库场地条件、仓库业务性质和规模、物品储存要求以及技术设备的性能和使用特点等因素，对仓库各组成部分，如存货区、理货区、配送备货区、通道以及辅助作业区等，在规定的范围内进行平面和立体的合理安排和布局，最大限度地提高仓库的储存能力和作业能力，并降低各项仓储作业费用。在进行仓库货区布局时一般要遵守以下要求：

　　（1）遵守各种建筑及设施规划的法律法规。

　　（2）满足仓库作业流畅性要求，避免迂回运输。

　　（3）保障物品的储存安全。

　　（4）保障作业安全。

　　（5）最大限度地利用仓库面积。

　　（6）有利于充分利用仓库设施和机械设备。

　　（7）符合安全保卫和消防工作要求。

　　（8）考虑仓库扩建的要求。

## 二、仓库布局应注意的问题

　　（1）仓库要与经营现场靠近，通道顺畅。

　　（2）每个货仓有相应的进仓门和出仓门，并有明确的标牌。

　　（3）货仓办公室尽可能设置在仓区附近，并有仓名标牌。

　　（4）测定安全存量、最低存量或定额存量，并有标示牌。

　　（5）按存储容器的规格、楼面载重承受能力和叠放的限制高度将仓区分为若干仓位，并用油漆或美纹胶在地面标明仓位名、通道和通道走向。

（6）仓区内要留有必要的废次品存放区、物料暂存区、待验区、发货区等。

（7）仓区设计必须将安全因素考虑在内，须明确规定消防器材所在位置，消防通道和消防门的位置及救生措施等。

（8）每个货仓的进门处，须张贴货仓平面图，表明该仓库所在的地理位置、周边环境、仓区仓位、仓门、各类通道、门、窗和电梯等。

### 三、货区布局的形式

仓库货区布局分为平面布局和空间布局。

#### （一）平面布局

平面布局是指对货区内的货垛、通道、垛间距、收发货区等进行合理的规划，并正确处理它们的相对位置。平面布局的形式可以概括为垂直式和倾斜式。

（1）垂直式布局，是指货垛或货架的排列与仓库的侧墙互相垂直或平行，具体包括横列式布局、纵列式布局和纵横式布局。

①横列式布局，是指货垛或货架的长度方向与仓库的侧墙互相垂直。这种布局的主要优点是：主通道长且宽，副通道短，整齐美观，便于存取查点，如果用于库房布局，还有利于通风和采光，如图1-2所示。

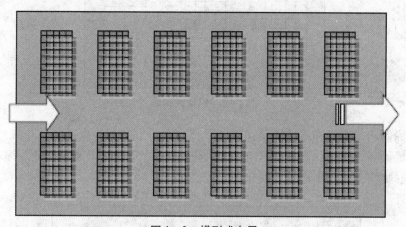

**图1-2　横列式布局**

②纵列式布局，是指货垛或货架的长度方向与仓库侧墙平行。这种布局的优点主要是可以根据库存物品在库时间的不同和进出频繁程度安排货位：在库时间短、进出频繁的物品放置在主通道两侧；在库时间长、进库不频繁的物品放置在里侧，如图1-3所示。

③纵横式布局，是指在同一保管场所内，横列式布局和纵列式布局兼而有之，可以综合利用两种布局的优点，如图1-4所示。

（2）倾斜式布局，是指货垛或货架与仓库侧墙或主通道成60°、45°或30°夹角，具

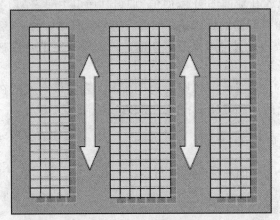

图1-3 纵列式布局

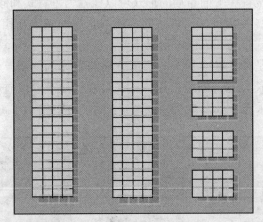

图1-4 纵横式布局

体包括货垛倾斜式布局和通道倾斜式布局。

①货垛倾斜式布局，是横列式布局的变形，它是为了便于叉车作业、缩小叉车的回转角度、提高作业效率而采用的布局方式。如图1-5所示。

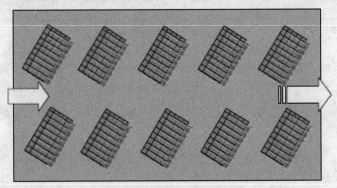

图1-5 货垛倾斜式布局

②通道倾斜式布局，是指仓库的通道斜穿保管区，把仓库划分为具有不同作业特点，如大量存储和少量存储的保管区等，以便进行综合利用。这种布局形式，仓库内形式复杂，但是货位和进出库路径较多。如图1-6所示。

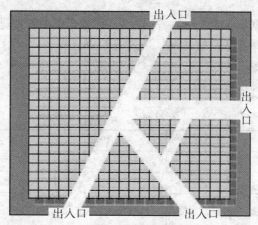

图1-6　通道倾斜式布局

### （二）空间布局

空间布局是指库存物品在仓库立体空间上布局，其目的在于充分有效地利用仓库空间。空间布局的主要形式：就地堆码、上货架存放、加上平台、空中悬挂等。

其中使用货架存放物品有以下优点：

（1）便于充分利用仓库空间，提高库容利用率，扩大存储能力。

（2）物品在货架里互补挤压，有利于保证物品本身和其包装完整无损。

（3）货架各层中的物品，可随时自由存取，便于做到先进先出。

（4）物品存入货架，可防潮、防尘，某些专用货架还能起到防损伤、防盗、防破坏的作用。

【实训要求】

1. 每个小组分别测量仓库货架、仓库、立柱、五距、通道、功能区的面积大小。

2. 每个小组按测量任务的要求编制相应的任务单，共6种。

3. 根据物品的特性选择合适的存放区域。

4. 以小组为单位绘制仓库平面图，制作成PPT并向全班同学展示。

【实训地点】

本地物流公司仓库。

【实训时间】

本实训安排4课时。

【实训工具】

卷尺、铅笔、橡皮、A4纸或大作业纸、电脑。

**【实训步骤】**

1. 建立小组,每小组6~8人,设组长一名,负责小组的实训活动。

2. 每个小组进行分工,两名学生负责测量、两名学生负责登记、两名学生负责计算面积。

3. 把测量好的数据填入表1-2~表1-8,计算仓库面积并进行货区分类。

4. 为存放物品选择合适存放货架,填入表1-8。

5. 绘制仓库平面图。

6. 由实训指导教师进行考核。

表1-2                                        任务单一    货架组

|  | 重型货架 | 轻型货架 | 悬臂式货架 | 抽屉式货架 |
|---|---|---|---|---|
| 货位长度 |  |  |  |  |
| 每排货位数 |  |  |  |  |
| 货架总长 |  |  |  |  |
| 货架宽 |  |  |  |  |
| 货位面积 |  |  |  |  |
| 货架面积 |  |  |  |  |

表1-3                                        任务单二    仓库组

| 东门左侧距左墙角 |  | 西门左侧距左墙角 |  |
|---|---|---|---|
| 东门右侧距右墙角 |  | 西门右侧距右墙角 |  |
| 东门宽 |  | 西门宽 |  |
| 全库长 |  | 全库宽 |  |
| 仓库面积 |  |  |  |

表1-4                                        任务单三    柱组

|  | 柱本身 | 柱距墙面1 | 柱距墙面2 | 柱距墙面3 | 柱距墙面4 |
|---|---|---|---|---|---|
| 长 |  |  |  |  |  |
| 宽 |  |  |  |  |  |
| 面积 |  |  |  |  |  |

表1-5                                        任务单四    通道组

|  | 通道1 | 通道2 | 通道3 | 通道4 | 通道5 |
|---|---|---|---|---|---|
| 长 |  |  |  |  |  |
| 宽 |  |  |  |  |  |
| 面积 |  |  |  |  |  |

表1-6　　　　　　　　　　　　　　任务单五　功能区组

|  | 教学区 | 收货区 | 发货区 | 流通加工区 | 立体仓库区 | 辊筒输送区 |
|---|---|---|---|---|---|---|
| 长 |  |  |  |  |  |  |
| 宽 |  |  |  |  |  |  |
| 面积 |  |  |  |  |  |  |

表1-7　　　　　　　　　　　　　　任务单六　五距组

|  | 灯距 | 顶距 | 柱距 | 墙距 |
|---|---|---|---|---|
| 最小 |  |  |  |  |
| 最大 |  |  |  |  |
| 所在位置描述 |  |  |  |  |

表1-8　　　　　　　　　　　　任务单七　物品存放区域选择表

|  | 重型货架 | 轻型货架 | 悬臂式货架 | 抽屉式货架 |
|---|---|---|---|---|
| ppc 水管 |  |  |  |  |
| 盒装食品 |  |  |  |  |
| 模具 |  |  |  |  |
| 零部件 |  |  |  |  |

## 【注意事项】

1. 未经仓库工作人员允许不得擅自触碰物流设备设施。
2. 遵守仓库的各项规章制度，听从现场师傅的指挥，注意人身安全。

## 【实训评价】

表1-9　　　　　　　　　　　　　仓库货区布局能力训练评价

| 考评人 |  | 被考评人 |  |  |
|---|---|---|---|---|
| 考评地点 |  |  |  |  |
| 考评内容 | 仓库货区布局能力 |  |  |  |
| 考评标准 | 具体内容 |  | 分值（分） | 实际得分（分） |
|  | 仓库货区布局图合理 |  | 25 |  |
|  | 物品分区分类准确 |  | 25 |  |
|  | 测量细致，数据准确 |  | 20 |  |
|  | 表格填写认真、清楚 |  | 20 |  |
|  | 遵守纪律，态度认真 |  | 10 |  |
| 合　计 |  |  | 100 |  |

注：考评满分为100分，60~74分为及格；75~84分为良好；85分以上为优秀。

# 任务三　货位编号

**【任务情景】**

江西诚信仓配中心接收了一批矿泉水、汽水、饼干、洗衣粉、卫生纸、塑料胶桶、毛巾、大米、酱油等物品，经检验后需上货架保管，但是所有的货架并没有编号。请对这批物品划分储存区域，并按编码要求对货架进行编号。

**【实训目标】**

通过实训可以使学生根据物品的特点划分不同的储存区域，熟练地进行货架货位编码，准确地找到指定的库存物品。

**【实训相关知识】**

一、认识货位

（一）货位的概念

货位是指仓库中实际可用于堆放物品的面积。

（二）选择货位的原则

货位的选择是在物品分区分类的基础上进行，所以货位的选择应遵循确保物品安全，方便吞吐发运，力求节约仓容的原则。

1. 确保物品安全原则

为确保物品质量安全，在货位的选择时，应注意以下几个问题：

（1）怕潮、易霉、易锈的物品，应选择干燥或密封的货位。

（2）怕光、怕热、易溶的物品，应选择低温的货位。

（3）怕冻的物品，应选择不低于0℃的货位。

（4）易燃、易爆、有毒、腐蚀性、放射性的危险品，应存放在郊区仓库分类专储。

（5）性能相互抵触或有挥发性的物品，不能同区存储。

（6）消防灭火方法不同的物品，要将储存货区分开。

（7）同一货区的物品中，存放外包装含水量过高的物品会影响邻垛物品的安全。

（8）同一货区储存的物品中，要考虑有无虫害感染的可能。

2. 方便吞吐发运的原则

货位的选择，要方便物品的出入库，尽可能缩短收发货作业时间。除此之外，还应该兼顾以下几个方面：

（1）收发货方式。采取送货制的物品，由于分唛理货、按车排货、发货的作业需要，其储存货位应靠近理货、装车的场地；采取提货制的物品，其储存货位应靠近仓库出口，便于外来提货的车辆进出。

（2）操作方法和装卸设备。各种物品具有不同的包装形态、包装质地和体积重量，因而需要采用不同的操作方法和设备。所以，货位的选择必须考虑货区的装卸设备条件与仓储物品的操作方法适应。

（3）物品吞吐快慢，仓储物品的流转速度不一，有着不同的活动规律。对于快进快出的物品，要选择有利于车辆进出库方便的货位；滞销久储的物品，货位不宜靠近库门；整进零出的物品，要考虑零星提货的条件；零进整出的物品，要考虑到集中发运的能力。

3. 尽量节约仓容的原则

就是以最小的仓容储存最大限量的物品。在货位负荷量和高度基本固定的情况下，应从储存物品不同的体积、重量出发，使货位与物品的重量、体积紧密结合起来。对于轻泡物品，应安排在负荷量小和空间高的货位。对于实重物品，应安排在负荷量大且空间低的货位。

## 二、货位分布形式

货位的分布形式有直线式、斜线式和曲线式三种。

（1）直线式。直线式货位就是货架和通道呈矩形分段布置。它主要适用于超级商场和大型百货商店。其优点是顾客易于寻找货位，易于采用标准化货架；缺点是容易造成冷淡气氛，易使顾客产生被催促的感觉，顾客自由浏览受到限制。

（2）斜线式。斜线式货位就是货架和通道呈菱形分段布置。其优点是可以使顾客看到更多的物品，气氛也比较活跃，活动不受拘束；缺点是不如直线式通道能充分利用场地面积。

（3）曲线式。曲线式货位的货位分布和顾客通道都是不规则的曲线形式。它是开架销售常用的形式，主要适用于大型百货商店、服装商店等。其优点是能创造活跃的商店气氛，便于顾客选购浏览，任意穿行，可增加随意购买的机会；缺点是浪费场地面积，寻找货位不够方便。

## 三、货位编号

仓库的货位布置可根据仓库的条件、结构、需要，根据已确定的物品分类保管的方案及仓容定额加以确定。货位编号的方法有多种，可灵活掌握，但无论采用何种方式，货位的摆放往往都需要与主作业通道垂直，以便于存取。

1. 货位编号的要求

货位的编号就好比物品在仓库中的住址，必须符合"标志明显易找，编排循规有序"的原则。具体编号时，须符合以下要求：

（1）标志设置要适宜。货位编号的标志设置，要因地制宜，采用适当的方法，选择适当的地方。如无货架的库房内，走道、支道、段位的标志，一般都刷置在水泥或木板地坪上；有货架库房内，货位标志一般设置在货架上等。

（2）标志制作要规范。货位编号的标志如果随心所欲、五花八门，很容易造成单据串库、物品错收、错发等事故。统一使用阿拉伯字码制作标志，就可以避免以上事故。为了将库房以及走道、支道、段位等加以区别，可在字码大小、颜色上进行区分，也可在字码外加上括号、圆圈等符号加以区分。

（3）编号顺序要一致。整个仓库范围内的库房、货场内的走道、支道、段位的编号，一般都以进门的方向左单右双或自左向右顺序编号的规则进行。

（4）段位间隔要恰当。段位间隔的宽窄，应取决于货种及批量的大小。

同时应注意的是，走道、支道不宜经常变更位置或编号，因为这样不仅会打乱原来的货位编号，而且会使保管员不能迅速收发货。

2. 货位编号的方法

（1）地址法：利用保管区中的现成参考单位如建筑物第几栋、区段、排、行、层、格等，按相关顺序编号。如同地址的市、区、路、号一样。

通常采用的编号方法为"四号定位"法。就是采用 4 个数字号码对应库房（货场）、货架（货区）、层次（排次）、货位（垛位）进行统一编号。

例如："5 - 3 - 2 - 11"即指 5 号库房（5 号货场）、3 号货架（3 号货区）、第 2 层（第 2 排）、11 号货位（11 号垛位）。如图 1 - 7 所示。

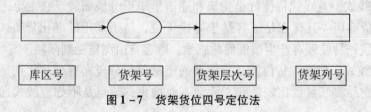

图 1 - 7　货架货位四号定位法

（2）区段法：把保管区分成不同区段，再对每个区段进行编号。如图 1 - 8 所示。

| A1 | A2 | | A3 | A4 |
| B1 | B2 | | B3 | B4 |
| 通　道 | | | | |
| C1 | C2 | C3 | C4 | |
| D1 | D2 | | D3 | D4 |

图 1 - 8　区段编号法

（3）品类群法：把一些相关性物品经过集合后，区分成几个品类群，再对每个品类群进行编号。如服饰群、五金群、食品群、化工群等。

3. 货位编号的应用

（1）当物品入库后，应将物品所在货位的编号及时登记在账册上或输入电脑。货位输入的准确与否，直接决定了出货的准确性，应认真操作，避免差错。

（2）当物品所在的货位变动时，该物品账册上的货位编号也应作相应的调整。

（3）为提高货位利用率，一般同一货位可以存放不同规格的物品，但必须配备区别明显的标识，以免出现差错。

**【实训要求】**

1. 建立小组，每小组 6~8 人，设组长一名，负责小组的实训活动。

2. 小组学生对物品进行分类。

3. 小组学生用四号定位法对物品进行货位编号。

**【实训地点】**

校物流实训中心。

**【实训时间安排】**

整个实训过程安排 2 课时。

**【实训工具】**

物品包装数 10 个、笔、纸。

**【实训步骤】**

1. 指定 6 种物品采用四号定位法进行编号。

2. 给定 6 种货架货位号，让学生找出相应的库存物品。

3. 进行习题练习，由同学当场回答或演示。

（1）二号库区一号货架第三层第四列用"四号定位法"数字表示。

（2）"四号定位法"13 – 15 – 2 – 26 表示什么意思？

4. 对物品采用区段法进行分区。

**【注意事项】**

学生在实训时必须遵守实训室的管理制度，听从指导教师的指挥，注意实训安全。

**【实训评价】**

表 1 – 10　　　　　　　　　货位编号能力训练评价

| 考评人 | | | 被考评人 | |
|---|---|---|---|---|
| 考评地点 | | | | |
| 考评内容 | 货位编号能力评价 | | | |
| 考评标准 | 具体内容 | | 分值（分） | 实际得分（分） |
| | 指定货位编号准确 | | 30 | |
| | 物品分区准确 | | 30 | |
| | 能够准确回答教师的提问 | | 20 | |
| | 实训态度认真 | | 20 | |
| 合　计 | | | 100 | |

注：考评满分为 100 分，60~70 分为及格；71~80 分为中；81~90 分为良好；91 分以上为优秀。

# 任务四　物品编码

## 【任务情景】

江西诚信仓配中心入库一批物品，经检验后需放入不同的存储区域，为了让后续入库作业能够迅速、准确地进行，并保证货物品质及作业效率，请对入库物品进行编码。

## 【实训目标】

通过物品编码实训使学生了解物品编码的意义与作用，熟悉物品编码的常用方法。

## 【实训相关知识】

1. 物品编码的概念

物品编码是对物品按分类内容进行有序编排，并用简明文字、符号或数字代替物品的名称、类别。

2. 物品编码的原则

（1）唯一性

唯一性原则是物品编码的基本原则，是指同一物品项目的物品应分配相同的物品标识代码，不同物品项目的物品必须分配不同的物品标识代码。基本特征相同的物品应视为同一物品项目，基本特征不同的物品应视为不同的物品项目。通常物品的基本特征包括物品名称、商标、种类、规格、数量、包装类型等。物品的基本特征一旦确定，只要物品的某一项基本特征发生变化，就必须分配一个不同的物品标识代码。

（2）稳定性

稳定性原则是指物品标识代码一旦分配，只要物品的基本特征没有发生变化，就应保持不变。同一物品项目，无论是长期连续生产，还是间断式生产，都必须采用相同的标识代码。即使该物品项目停止生产，其标识代码应至少在4年之内不能用于其他物品项目上。另外，即便物品已不在供应链中流通，由于要保存历史记录，需要在数据库中较长期地保留其标识代码，因此，在重新启用物品标识代码时，还需要考虑此因素。

（3）无含义性

无含义性原则是指物品标识代码中的每一位数字不表示任何与物品有关的特定信息。有含义的编码，通常会导致编码容量的损失。厂商在编制物品项目代码时，最好使用无含义的流水号。

3. 物品编码的作用

（1）增加物品资料的准确性。

（2）提高物品管理的效率。

（3）降低物品库存、降低成本。

（4）防止各类物品舞弊事件的发生。

4. 物品编码的方法

（1）数字法：以阿拉伯数字为编码工具，按物品的特性、流水方式等进行编码。如：1－饮料、2－饼干、3－酒类、1.1－康师傅冰红茶等。

（2）字母法：以英文字母为编码工具，按物品各种特性进行编码。如表1－11所示。

表1－11　　　　　　　　　　　字母编码法

| 物品价格 | 物品种类 | 物品颜色 |
| --- | --- | --- |
| A：高价材料 | A：五金 | A：红色 |
| B：中价材料 | B：交电 | B：橙色 |
| C：低价材料 | C：化工 | C：黄色 |

（3）实际意义编码法：按照物品的名称、重量、尺寸、分区、储位、保质期限等实际情况来编码。例如：FO 4810 A2－15表示的含义如下：FO：食品类；4810：包装尺寸4×8×10；A2：A区第二排货架；15：保质期15天。

【实训要求】

1. 建立小组，每小组6~8人，设组长一名，负责小组的实训活动。

2. 每位学生对本小组的物品，分别采用数字法、字母法、实际意义编码法进行编码。

【实训地点】

校物流实训中心。

【实训时间安排】

整个实训过程安排2课时。

【实训工具】

物品包装数10个、笔、纸。

【实训步骤】

1. 发放物品包装并分配任务。

2. 各组成员分别采用数字号法、字母法、实际意义编号法对库存物品进行编码，完成表1－12~表1－14的填写。

表1－12　　　　　　　　　　　任务单数字编码

| 编　号 | 1 | 2 | 3 | 4 | 5 | 6 |
| --- | --- | --- | --- | --- | --- | --- |
| 物品名称 | | | | | | |

**表 1 – 13** 任务单　字母编码

| | 类别 | 包装 | 规格 | 供应商 |
|---|---|---|---|---|
| 01 – 2 – 121720 – 003 | | | | |
| 02 – 1 – 150010 – 005 | | | | |

**表 1 – 14** 任务单　实际意义编码

| | 类别 | 规格 | 储位 | 保质期 |
|---|---|---|---|---|
| MK – 121720 – B1 – 6M | | | | |

## 【注意事项】

1. 注意区分三种编号法。
2. 按每组人数分配物品，应保证每位学生有一个产品包装进行编号作业。

## 【实训评价】

**表 1 – 15** 物品编码能力训练评价

| 考评人 | | | 被考评人 | |
|---|---|---|---|---|
| 考评地点 | | | | |
| 考评内容 | 物品编码能力 | | | |
| 考评标准 | 具体内容 | | 分值（分） | 实际得分（分） |
| | 物品编码知识掌握的程度 | | 20 | |
| | 编码作业规范 | | 30 | |
| | 编码填写准确无误 | | 30 | |
| | 实训态度认真 | | 20 | |
| 合　计 | | | 100 | |

注：考评满分为100分，60~70分为及格；71~80分为中；81~90分为良好；91分以上为优秀。

# 任务五　填写与签订仓储合同

**【任务情景】**

　　某水果批发商于 2013 年 5 月 7 日向江西诚信仓配中心发出一份函电邀请：本人有 50 吨苹果、80 吨橘子、30 吨脐橙存放仓库，每天存储费用 3500 元，存放时间为一个月，请在 3 天内给予答复，如无异议，一周后签订合同。江西诚信仓配中心同意接受这笔业务，着手进行合同的起草和签订。

**【实训目标】**

　　按照任务情景的资料，根据仓储保管合同的条款、明确保管方和存货方的权利和义务，能够完整地起草和签订仓库保管合同。

**【实训相关知识】**

　　一、仓库保管合同的主要内容

　　根据《仓储保管合同实施细则》的要求，签订仓储保管合同，一般应具备以下主要条款：

　　（一）物品的品名和品种

　　仓储保管合同中储存保管的物品是特定物或特定化的种类物，是保管方接受存货方以委托代为保管的，其所有权属于存货方，在合同有效期届满时，保管方必须将原物品完好无损地归还存货方，因此合同中对物品的品名和品种，应作出明确的规定，同时仓储保管合同的标的物以动产为限。

　　（二）物品的数量、质量、包装

　　物品的包装由存货方负责，有国家的或专业的标准的，按国家和专业标准执行；没有国家或专业标准的，在保证运输和储存安全的前提下，由合同当事人议定。

　　（三）物品验收的内容、标准、方法、时间

　　保管方的验收项目为：物品的品名、规格、数量、外包装状况以及无须开箱拆捆直观可见可辨的质量情况。包装内的物品品名、规格、数量，以外包装或物品上的标记为准；外包装或物品上无标记的，以供货方提供的验收资料为准。散装物品按国家有关规定或合同规定验收。验收期限，国内物品不超过 10 天，国外到货不超过 30 天，法律或合同另有规定的除外。物品验收期限，是指自物品和验收资料全部送达保管方之日起，至验收报告送出之日止。

### （四）物品保管条件和保管要求

仓储保管合同中的物品种类繁多，不少物品由于本身的性质需要特殊的保管条件或保管方法，所以在合同中必须明确规定保管条件和保管要求。

### （五）物品进出库手续、时间、地点、运输方式的确定

### （六）物品损耗标准和损耗的处理

损耗标准是指物品在储存、运输过程中，由于自然因素（如干燥、风化、散失、挥发、黏结等）和物品本身的性质和度量衡的误差等原因，不可避免地要发生一定数量的减少、破损或计量误差。有关主管部门对此作出规定或者由合同当事人商定物品自然减量标准和合理磅差（一般以百分比或千分比表示），统称为损耗标准。

损耗的处理是指实际发生的损耗，如何划分经济责任，以及对实物如何进行处理。例如：在物品验收过程中，若在途损耗不超过物品自然减量标准和损耗在规定磅差范围内的，仓库可按实际验收数验收入库，如果超过规定的，应核实作好验收记录，按照规定处理。

### （七）计费项目、标准和结算方式

物品储存和运输过程中的计费项目，应按仓储保管部门制定的标准执行，也可由当事人双方协商确定。存货方一般应按月支付保管费用。

### （八）违约责任

《仓储保管合同实施细则》的规定：保管人不能全部或部分按合同议定的品名、时间、数量接货的；存货方不能全部或部分按合同议定的品名、时间、数量入库（含超议定储存量储存）的；保管方没有按合同规定时间、数量交货的，存货方已通知物品出库或合同期已到，由于存货方（含用户）的原因不能如期出库的，均应承担违约责任，当事人必须向对方支付违约金，合同另有规定的除外。违约金的数额为违约所涉及的那一部分物品的 3 个月保管费（或租金）或 3 倍的劳务费，合同另有规定的除外。因违约使对方遭受经济损失的，如违约金不足以抵偿实际损失，还应以赔偿金的形式补偿其差额部分。

其他违约行为给对方造成经济损失的，一律赔偿实际损失。

赔偿物品的损失，一律按进货价或国家批准调整后的价格计算；有残值的，应扣除残值部分或残值归赔偿方；不负责赔偿实物。

### （九）合同的有效期限

即物品的保管期限，存货方过期不取走物品，应承担违约责任。但有的存储保管

合同也可以不规定期限，双方约定只要存货方按日或按月支付保管费用，即可继续存放。

（十） 变更和解除合同期限

保管方或存货方如需要对合同进行变更或解除，必须事先通知对方，以便做好相应的准备工作。因此，仓储保管合同中应当明确规定提出变更或解除合同的期限。

（十一） 争议的解决方式

## 二、合同双方的权利和义务

### （一） 保管方的义务与存货方的权利

（1）保证物品完好无损。

（2）对库场因物品保管而配备的设备，保管方有义务加以维修，保证物品不受损害。

（3）在由保管方负责对物品搬运、看护、技术检验时，保管方应及时委派有关人员。

（4）保管方对自己的保管义务不得转让。

（5）保管方不得使用保管的物品，其不对此物品享有所有权和使用权。

（6）保管方应做好入库的验收和接收工作，并办妥各种入库凭证手续，配合存货方做好物品的入库和交接工作。

（7）对危险品和易腐物品，如不按规定操作和妥善保管，造成毁损，则由保管方承担赔偿责任。

（8）一旦接受存货方的储存要求，保管方应按时接受物品入场。

### （二） 存货方的义务与保管方的权利

（1）存货方对入库场的物品数量、质量、规格、包装应与合同规定内容相符，并配合保管方做好物品入库场的交接工作。

（2）按合同规定的时间提取委托保管的物品。

（3）按合同规定的条件支付仓储保管费。

（4）存货方应向保管方提供必要的物品验收资料。

（5）对危险品物品，必须提供有关此类物品的性质，注意事项，预防措施，采取的方法等。

（6）由于存货方原因造成退仓、不能入库场，存货方应按合同规定赔偿保管方。

（7）由于存货方原因造成不能按期发货，由存货方赔偿逾期损失。

## 三、合同签订的步骤

仓储保管合同的签订应符合我国的《经济合同法》和《仓储保管合同实施细则》

的有关规定，合同订立双方应本着平等互利、协商一致、等价有偿的原则，由双方法定代表或委托代表签字，单位盖章，合同即生效。

（1）邀约：由存货方向保管方提出订立仓储保管合同的建议和要求。

（2）验资：双方在签订合同时应出示有关证明法人资格和资信的材料。

（3）洽约：双方代表对合同条款进行当面商定。

（4）审约：由负责人对合同条款进行审核。

（5）定约：双方代表在仓储保管合同文本上签字盖章。

（6）履约：根据合同条款，双方履行各自的义务，享受应有的权利。

## 【实训要求】

1. 以小组为单位模拟合同双方，完成仓储保管合同的签订模拟实训。

2. 由教师点评每组合同签订情况。

## 【实训地点】

本班教室。

## 【实训时间安排】

整个实训过程安排 4 课时。

## 【实训工具】

合同样本，水笔、模拟章。

## 仓库保管合同样本

存货人：_____（甲方）    仓管人：_____（乙方）

经双方协商，甲方委托乙方代储存为此拟定如下条款共同遵守。

1. 仓库租金计算。

确定乙方提供仓库_____平方米由甲方使用，仓库租金按月包库制，每月每平方米_____元，合计月租金为_____元整。

2. 货物进出库手续及验收。

3. 双方权利义务及违约责任。

（1）储存危险物品或易变质物品，甲方应当说明该物的性质，提供有关资料。甲方违反本约定的，乙方可以拒收仓储物，也可以采取相应措施避免损失发生，因此产生的费用由存货人承担。

（2）乙方根据甲方的要求，应当同意其检查仓储物或提取样品。

（3）乙方发现入库仓储物有变质或其他损害的，应及时通知甲方仓单持有人。

（4）仓单持有人逾期提取的，应当加收仓储费，提前提取的，不减收仓储费。

（5）储存期间仓储物毁损灭失的，仓管人员应承担违约责任。因仓储物包装不符合约定或超过有效储存期造成仓储物变质、损坏的，仓管人不承担责任。

（6）其他。

4. 本协议自_____年_____月_____日生效，未尽事宜双方共同协商解决。

5. 本协议一式_____份（正本_____份，副本_____份），甲方正本一份、副本_____份，乙方正本一份，副本_____份。

甲方法定代表人：_____　　　　　乙方法定代表人：_____

开户行及账号：_____　　　　　开户行及账号：_____

地址：_____　　　　　　　　　地址：_____

电话：_____　　　　　　　　　电话：_____

单位盖章：_____　　　　　　　单位盖章：_____

_____年_____月_____日　　　　　　_____年_____月_____日

## 【实训步骤】

1. 建立小组，每小组 6~8 人，设组长一名，负责小组的实训活动。
2. 每组学生做好准备，收集、整理、分析有关合同材料。
3. 每组学生扮演合同当事人，完成合同签订的模拟实训。
4. 根据给出的邀约条件及签订合同的要求，填写合同样本。
5. 小组集体审核合同，无误后，由组长在填写好的合同上签字盖章。

## 【注意事项】

在模拟实训过程中，学生要认真对待，根据所学的合同知识认真完整填写合同条款，明确合同双方的权利和义务。

## 【实训评价】

表 1-16　　　　　　　　　填写与签订仓储合同能力训练评价

| 考评人 | | 被考评人 | |
|---|---|---|---|
| 考评地点 | | | |
| 考评内容 | 填写与签订仓储合同能力 | | |
| 考评标准 | 具体内容 | 分值（分） | 实际得分（分） |
| | 资料收集、整理、分析真实有效 | 20 | |
| | 合同填写认真、清楚 | 30 | |
| | 模拟实训态度认真，表演真实 | 30 | |
| | 团队协作意识强 | 20 | |
| | 合　计 | 100 | |

注：考评满分为 100 分，60~70 分为及格；71~80 分为中；81~90 分为良好；91 分以上为优秀。

# 项目二　仓储设备与设施实训

# 任务一 识别存储设备

**【任务情景】**

一批中职物流服务与管理专业在校生进入江西省诚信仓配中心实习。为了让他们尽快熟悉企业业务，了解工作内容，人事部安排，在仓储部主管带领下参观企业各个工作流程，本环节参观内容为仓配中心存储设备。

**【实训目标】**

学生通过本任务的实训，能了解仓库常用货架的类别，理解常用货架、自动化立体库及滑托盘的作用，掌握常用货架、自动化立体库及滑托盘的使用方法。

**【实训相关知识】**

一、货架

货架是为了节省货品存放空间，增加库房利用效率，用支架、隔板或托架组成的立体储存货物的设施，主要组成部分包括横梁、地角、柱片、护角，可选配件包括纵梁、隔撑、木板、钢板等（如图2-1所示）。它在现代物流活动中，起着相当重要的作用。仓库管理实现现代化，要求货架功能齐全，并能实现机械化和自动化。

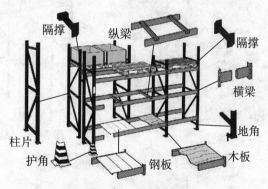

图2-1 货架结构

横梁：连接柱片支撑货物；地角：连接货架与地面使货架更稳固；柱片：用于支撑货架的全部重量；护角：保护货架柱片不受叉车撞击；纵梁：支撑货物；隔撑：用于货架与墙壁的连接；木板、钢板：平铺在横梁之间摆放货物。

（一）货架的作用

货架的作用及功能有以下几方面：

（1）货架是一种架式结构物，可充分利用仓库空间，提高库容利用率，扩大仓库储存能力。

（2）存入货架中的货物，互不挤压，物资损耗小，可完整保证物资本身的功能，减少货物的损失。

（3）方便货物存取，便于清点及计量，可做到先进先出。

（4）保证存储货物的质量。可以采取防潮、防尘、防盗、防破坏等措施，以提高物资存储质量。

（5）很多新型货架的结构及功能有利于实现仓库的机械化及自动化管理。

（二）识别货架

货架的种类繁多，常见的货架有以下几种：

1. 组合式货格货架

组合式货格货架是由带孔立柱、横梁、搁板和其他附加件构成。根据结构不同，可分为搁板式货架（如图 2 - 2 所示）、横梁式货架（如图 2 - 3 所示）和牛腿式货架（如图 2 - 4 所示）。搁板式货架也称之为拣选式货架，存放的货物可以用统一尺寸的容器盛装，也可用包装箱直接放置在搁板上，货物的上下架均由人工完成。横梁式货架一般用以存放托盘单元货物，是使用最广泛的货架之一。牛腿式货架也用以存放托盘单元货物，但每个货格只能存放一个托盘单元。

图 2 - 2　搁板式货架

图 2 - 3　横梁式货架

图 2 - 4　牛腿式货架

2. 重力式货架

重力式货架是一种利用存储货物自身重力使货物沿存储深度方向运动的存储系统。它的进货端与出货端在不同区域，对货架补货时不会影响货物的出货，货物一般使用叉车存取（如图2-5所示）。采用重力式货架，库房利用率较高，适合采用先进先出的存取模式，但重力式货架的每个滑道只能存放一种货物，适用于体积较大、少品种大批量货物的存储。

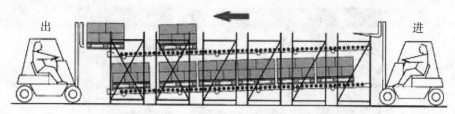

图2-5　重力式货架的出货与补货

3. 驶入（贯通）式货架

驶入（贯通）式货架是一种不以通道分割、连续性的整栋式货架，在支撑导轨上，托盘按深度方向存放，直至放满，取货时从外向内按顺序取。由于每一条通道的两侧可以布置纵深不等的货位，所以可以布置较多的存货位置，库房利用率较高。当架上没有放托盘货物时，货架正面无横梁形成若干通道，方便叉车等作业车辆出入。由于其存储密度大，对地面空间利用率较高，常用在冷库等存储空间成本较高的地方。驶入（贯通）式货架（如图2-6所示）的货物存取从货架同一侧进出，"先存后取，后存先取"，所以不适合对先进先出要求较高、批量小、品种多的货品。

图2-6　驶入（贯通）式货架

4. 悬臂式货架

悬臂式货架（如图2-7所示）由中间立柱向单侧或双侧伸出悬臂而成。一般用于储存管材、圆钢、板材、圆盘等长、大物料。

5. 穿梭车货架

穿梭车货架（如图2-8所示）属于贯通式货架，主要用于少品种大批量物品的储存以及对货物时差要求较高或者空间利用率高（如保证生产线的物料不间断供给）等场合使用；亦可在出入库端各配置入库堆垛机和出库堆垛机进行存取货物作业。

图 2 – 7　悬臂式货架

图 2 – 8　穿梭车货架

### 6. 阁楼式货架

阁楼式货架（如图 2 – 9 所示）整体结构为组装式，广泛应用于库房较高、货物较轻小、人工存取的多品种大批量或多品种小批量货物。这种货架的特点是可充分利用空间，节约库房面积，一般用于旧库改造。阁楼式货架一般设计为 2 ~ 3 层，设置有楼梯和货物提升电梯等。特别适用于汽配、电子器件等企业系列产品的分类保存。

图 2 – 9　阁楼式货架

7. 抽屉式货架

抽屉式货架为滑动式货架的一种，可分为封闭式（如图 2 – 10 所示）和敞开式（如图 2 – 11 所示）。封闭式抽屉货架用于存放量具、刀具、精密仪器和怕尘、怕湿的小物品。敞开式抽屉货架主要用于存放各种模具，所以又称为模具货架。货架顶部选配手拉葫芦移动车，便于模具的起吊和存取，抽屉板下设置有滚轮轨道，方便重载后依然能用很小的力轻松拉动。

图 2 – 10　封闭式抽屉货架　　　　图 2 – 11　敞开式抽屉货架

8. 移动货架

移动货架（如图 2 – 12 所示）是将货架本体放置在轨道上，在底部设有行走轮或驱动装置，靠机械或人力驱动货架整体沿轨道横向移动。由于只需要一个作业通道，可大大提高仓库面积的利用率。广泛用于图书馆、资料室、药库、档案馆、冷库和银行。

图 2 – 12　移动货架

9. 旋转货架

旋转货架又称为回旋式货架，可以沿水平、垂直方向回转，货物随着货架移动到操作者面前，而后被操作者选取。这种货架存储密度大，货架间不设通道，节约占地面积。旋转货架可分为垂直旋转货架（如图2-13所示）、水平旋转货架（如图2-14所示）。

图2-13　垂直旋转货架

图2-14　水平旋转货架

10. 流利式货架

流利式货架（如图2-15所示）通过滚道将货物从配货端输送到取货端，货物借助重力自动下滑，可实现"先进先出"作业，使用成本低，存储速度快、密度大，以存放时间短、轻型、多品种的散件为主。货物通常为纸包装或将货物放于塑料周转箱内，利用其自重实现货物的流动和先进先出，并可实现一次补货，多次拣货，适于装配线两侧的工序转换、配送中心的拣选作业等场所，可配以电子标签实现货物的信息化管理。

11. 堆叠式货架

堆叠式货架（如图2-16所示）可当做存放容器，随叉车搬运，不使用时可叠放，节省空间。当存放货物时，可相互叠放避免物品压损，高度可达4层。其特点是价格低，不用维修；叠放高度受限，太高易倒；最底层物品最后才能取出，最适用于同时进货的相同物品的存放；适用不规则物品和易碎物品。

图2-15　流利式货架

图2-16　堆叠式货架

## 二、滑托盘

滑托盘最初在欧美国家使用，因其替代各类纸、木、塑料托盘，顾称之为滑托盘。滑托盘在我国又被称为塑料滑托板、塑胶滑托板、塑料滑板、塑料滑板托盘、塑料滑托板、塑料滑托盘等。

### （一）识别滑托盘

**1. 按材质划分**

滑托盘可分为塑料滑托盘（如图 2 - 17 所示）和牛皮纸滑托盘（如图 2 - 18 所示）。塑料滑托盘多用于仓库周转或多次重复使用，牛皮纸滑托盘多用于一次性的发货。

图 2 - 17　塑料滑托盘

图 2 - 18　牛皮纸滑托盘

**2. 按推拉边划分**

滑托盘可分为一边滑托盘（如图 2 - 19 所示）、两边滑托盘（如图 2 - 20 所示）及四边滑托盘（如图 2 - 21 所示）。标准的滑托盘为两边滑托盘，一边滑托盘常用于发货，四边滑托盘常用于仓库周转或多次重复使用。

图 2 - 19　一边滑托盘

图 2 - 20　两边滑托盘

图 2 - 21　四边滑托盘

图 2 - 22　滑托盘使用

### （二）滑托盘的特点

滑托盘替代目前国内正在使用的各类托盘，与常规托盘相比，它具有以下优点：

1. 节省运输与存储过程中的空间

滑托盘外形如同一张纸，能更好地利用集装箱和运输车辆的空间；仓储空间极小，1000 张滑托板占用 1 立方米空间。

2. 降低成本

滑拖盘生产成本低，按 1250mm × 1100mm 的规格计算，滑托盘每张需要 10 元左右，而常规托盘的成本平均都在百元以上；滑托盘自身重量轻，体积小，能节约运费；无须周转，没有周转费用；无须材料回收；无须修理和无损失等特点。

3. 提高作业效率

滑托盘在使用时需配合推拉器使用，全机械化操作，提高了作业效率（如图 2 - 22 所示）。

## 三、自动化立体库

自动化立体仓库（如图 2 - 23 所示）是用高层货架储存货物，以巷道堆垛起重机存取货物，并通过周边的装卸搬运设备，自动进行出入库存取作业的仓库，主要由高层货架、巷道堆垛起重机、周边搬运系统和控制系统组成。自动化立体仓库是现代物流系统中迅速发展的一个重要组成部分，具有节约用地、减轻劳动强度、消除差错、提高仓储自动化水平及管理水平、降低储运损耗、有效地减少流动资金的积压、提高物流效率等诸多优点，已成为企业物流和生产管理不可缺少的仓储技术，越来越受到企业的重视。

**图 2 - 23　自动化立体仓库**

### （一）自动化立体库的构成

自动化立体库主要由高层货架、巷道堆垛机、出入库输送设备和电气设备与计算机控制管理设备四部分构成。

1. 高层货架

高层货架（如图 2 - 24 所示）是立体仓库的主要构筑物，一般用钢材或钢筋混凝土制作，目前国内外大多数立体仓库都采用钢货架。高层货架仓库的主要特征是货架高密度，高度和长度较大，排列较多，巷道较窄。典型的高层货架仓库的高度多在 10m ~ 30m，少数超过 30m，最高 40m。高层货架按建筑形式可以分为整体式和分离式。整体式是指货架除了储存货物以外，还可以作为建筑的支承结构，就像是建筑物的一个部分，即库房与货架形式成一体化结构。分离式是指储存货物的货架独立存在，它建在建筑物内部，可以将现有的建筑改造为自动化仓库，也可以将货架拆除，使建筑物用于其他目的。

图 2 - 24　高层货架和巷道堆垛起重机

2. 巷道堆垛机

巷道堆垛机是立体仓库中最重要的运输设备。它的主要用途是在高层货架的巷道内来回穿梭运行，将位于巷道口的货物存入货格，或将取出货格内的货物运送到巷道口。

3. 出入库输送设备

出入库输送设备是立体库的主要外围设备，主要将货物输送到堆垛机上下料位置和货物出入库位置，一般由传送带输送机、机动辊道（如图 2 - 25 所示）、链传动输送机、升降台、分配车、提升机或自动导引小车（AGV）（如图 2 - 26 所示）等设备组成。

图 2 - 25　机动辊道　　　　　图 2 - 26　自动导引小车（AGV）

4. 电气设备与计算机控制管理设备

自动化仓库中的电气与电子设备（如图 2 – 27 所示）主要指检测装置、信息识别装置、控制装置、通信设备，监控调度设备、计算机管理设备以及大屏幕显示等设备。

图 2 – 27　自动化立体仓库中的控制系统和高层货架

（二）　自动化立体仓库的优点

（1）仓库作业全部实现机械化和自动化，出入库作业迅速、准确，缩短了作业时间。

（2）节约占地。采用高层货架、立体储存，能有效地利用空间，减少占地面积，降低土地购置费用。

（3）有利于物资的保管。采用托盘或货箱储存货物，货物的破损率显著降低。

（4）提高了仓库的管理水平。货位集中，便于控制与管理，特别是使用电子计算机，不但能够实现作业过程的自动控制，而且能够进行信息处理，节省劳动力。

（三）　自动化立体仓库的使用条件

（1）物资出入库要频次均衡。

（2）一次性投资大。

（3）需要一支专业技术队伍。

（4）对货品包装要求严格。

（5）仓库的建筑地面应有足够的承载能力。

（四）校自动化立体库操作流程（单机版）

1. 入库作业

（1）运行桌面上的条码扫描程序

①双击条码程序，如图 2 – 28 所示。

图 2 – 28

弹出界面，如图 2 – 29 所示。

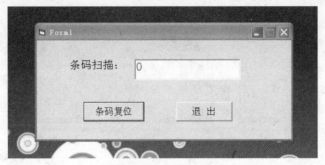

图 2 – 29

②将其最小化。

（2）运行桌面上的立体仓库控制系统

①双击桌面上的"立体仓库控制系统"图标，如图 2 – 30 所示。

图 2 – 30

弹出江西省商务学校物流实训基地立体仓库控制系统界面，如图 2 – 31 所示。

图 2 – 31

在弹出的界面点击鼠标左键，系统会进入自动检索状态，检索出堆垛机当前所处位置，如图 2 – 32 所示。

核对堆垛机当前所在的位置正确后，点击"确认"进入操作界面。

如果出现如图 2 – 33 所示情况，则表示堆垛机与电脑没有建立连接。此时请检查堆垛机是否通电，桌面上的急停开关是否打开，堆垛机与电脑的通信连接线是否松动等情况。

②系统启动之后进入操作界面，如图 2 – 34 所示。

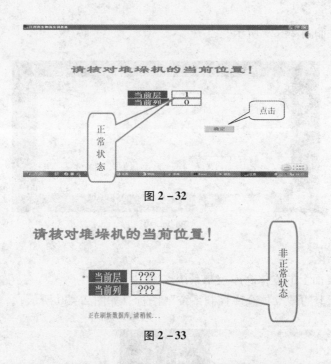

图 2 - 32

图 2 - 33

图 2 - 34

③点击主界面上的"设置入库作业"按钮，新建入库申请，如图 2 - 35 所示。

图 2 - 35

④点击主界面上的"请输入条码"，如图 2 - 36 所示。

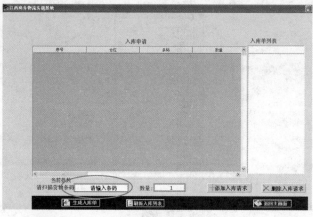

图 2 – 36

⑤用扫描仪扫描条码，并输入数量，如图 2 – 37 所示。

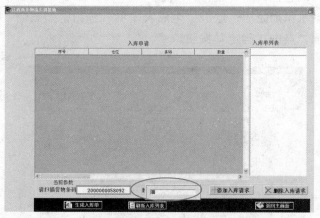

图 2 – 37

⑥输入入库货物条码和数量后，点击"添加入库请求"按钮，如图 2 – 38 所示。
出现对话框"指定入库方式"，如图 2 – 39 所示。

图 2 – 38

图 2-39

⑦选择要入库的仓位，然后点确认仓位。

待所有入库请求添加完毕，点击"生成入库单"按钮，如图 2-40 所示。出现如图 2-41 所示页面，点击"确定"按纽。

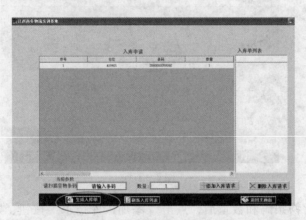

图 2-40

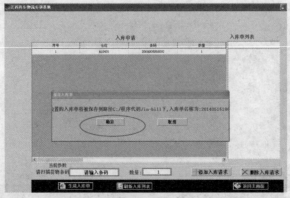

图 2-41

点击"返回主画面"按钮，如图 2 - 42 所示。在主界面中点击"导入入库作业"按钮，弹出如图 2 - 43 界面。

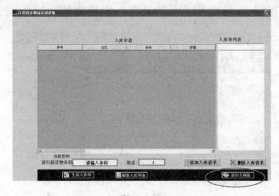

图 2 - 42

图 2 - 43

⑧选择需要堆垛机执行的入库单文件。点击"导入数据并运行"按纽，如图 2 - 44 所示。

图 2 - 44

在条码打印机打印出入库货物的对应条码，粘贴到入库货物能让条码阅读器读到的位置上。

在没有打印条码的情况下，可以手动录入入库货物的对应条码，如图2-45所示。

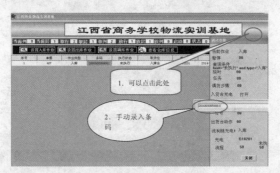

图 2-45

⑨将托盘放在输送带入口处。当入货台上有货物时，堆垛机就会执行入库作业，如图2-46所示。

图 2-46

⑩命定执行完毕后，点击"删除指令列表"按纽，再点击"确定"。此次入库作业完成，如图2-47所示。

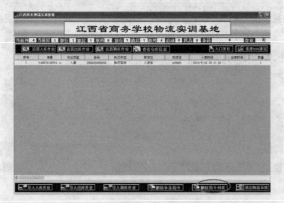

图 2-47

2. 出库作业

（1）点击主界面上的"设置出库作业"按钮，新建出库申请，如图 2 - 48 所示。进入设置出库作业界面，如图 2 - 49 所示。

图 2 - 48

图 2 - 49

（2）点击"添加出库请求"按钮，弹出如图 2 - 50 所示界面。

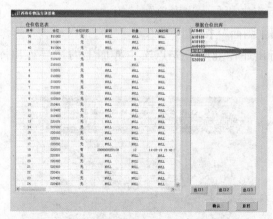

图 2 - 50

（3）在界面中选择货物的仓位并且选好货物由哪个出口出货，点击"确认"按钮，出现如图 2 - 51 所示界面。

图 2-51

（4）点击"生成出库单"按钮和"确定"按钮，出库单将被保存在某个固定的路径下，如图2-52所示。

图 2-52

（5）确认货物信息后，点击"确定"按钮。

（6）所有出库申请建立后，如果想要删除某条出库申请，则先输入序号，然后点"删除货物请求"即可。如果要导入一份已经保存过的出库单，则先点"刷新出库列表"，选择列表文件后点击"导入出库单"按钮。

（7）点击"返回主画面"按钮。

（8）堆垛机执行出库作业时，先点击主界面上的"导入出库作业"按钮，如图2-53所示。

图 2-53

弹出如图 2-54 所示界面。

图 2-54

（9）选择需要出库的出库单后点击"导入数据并运行"按钮。此次出库作业完成，如图 2-55 所示。

图 2-55

## 【实训要求】

1. 每个小组制作一份校物流实训中心货架的 PPT，配以照片及文字说明并派代表汇报。

2. 掌握校自动化立体库的出入库操作。

3. 认真预习自动化立体仓库软件出库操作使用过程。

4. 严格服从教师安排。

5. 爱护实训中心设施，文明操作。

6. 遵守实训中心规章制度，保持课堂纪律，禁止大声喧哗。

## 【实训地点】

校物流实训中心。

## 【实训时间安排】

整个实训过程安排 6 课时。

**【实训工具】**

手机、多媒体教室、各种货架、校物流实训中心自动化立体仓库操作系统、手推车、托盘。

**【实训步骤】**

### 一、识别货架实训步骤

1. 建立小组，每小组 6~8 人，设组长一名。
2. 教师回顾货架类型，交代实训任务。
3. 每小组将校物流实训中心的货架用手机拍照。
4. 小组共同制作一份关于校物流实训中心货架的 PPT。
5. 每组派代表汇报。
6. 其他组成员对汇报内容给予分析和评价。
7. 实训教师对实训效果进行总结和评价。

### 二、自动化立体仓库出入库控制操作

1. 建立小组，每小组 6~8 人，设组长一名。
2. 分工协作，设操作员一名，监督员一名，搬运工一名。
3. 各小组成员轮流进行自动化立体仓库操作软件出库操作训练。

**【注意事项】**

1. 在训练过程中，学生应严肃认真。
2. 严禁学生进入堆垛机操作作业区。
3. 分工合理。

**【实训评价】**

表 2-1　　　　　　　　　　识别存储设备能力训练评价

| 考评人 | | 被考评人 | | |
|---|---|---|---|---|
| 考评地点 | | | | |
| 考评内容 | 识别存储设备能力 | | | |
| 考评标准 | 具体内容 | 分值（分） | | 实际得分（分） |
| | 训练态度 | 15 | | |
| | 资料收集齐全 | 30 | | |
| | 资料收集正确 | 30 | | |
| | PPT 制作 | 20 | | |
| | 口头表达 | 5 | | |
| 合　计 | | 100 | | |

注：考评满分为100分，60~70分为及格；71~80分为中；81~90分为良好；91分以上为优秀。

表 2 – 2　　　　　　　　自动化立体仓库出入库控制操作使用能力训练评价

| 考评人 | | | 被考评人 | |
|---|---|---|---|---|
| 考评地点 | | | | |
| 考评内容 | 自动化立体仓库出入库控制操作使用能力 | | | |
| 考评标准 | 具体内容 | | 分值（分） | 实际得分（分） |
| | 自动化立体仓库知识掌握 | | 20 | |
| | 熟练自动化立体仓库操作软件 | | 60 | |
| | 安全意识 | | 20 | |
| 合　计 | | | 100 | |

注：考评满分为100分，60~70分为及格；71~80分为中；81~90分为良好；91分以上为优秀。

# 任务二　识别搬运设备

【任务情景】

一批中职物流服务与管理专业在校生进入江西省诚信仓配中心实习。为了让学生尽快熟悉企业业务，了解工作内容，人事部安排，在仓储部主管的带领下参观企业各个工作流程，本环节参观内容为仓配中心搬运设备。

【实训目标】

学生通过本任务的实训，能够了解搬运车辆、输送设备的种类及作用，掌握搬运车辆操作要领，熟悉输送设备的使用。

【实训相关知识】

一、搬运车辆

搬运车辆作业是为了改变货物的存放状态和空间位置。

1. 手推车

手推车是一切车辆的始祖，是以人力驱动的搬运车辆。手推车的特点是造价低廉、维护简单、操作方便、自重轻，能在机动车辆不便使用的地方工作，短距离搬运较轻的物品十分方便。

常见的手推车有杠杆式手推车（如图 2 - 56 所示）、手推台车（如图 2 - 57 所示）、登高式手推台车（如图 2 - 58 所示）和手动液压升降平台车（如图 2 - 59 所示）。

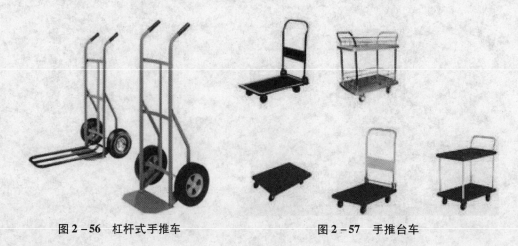

图 2 - 56　杠杆式手推车　　　　　　　图 2 - 57　手推台车

图 2 - 58　登高式手推台车

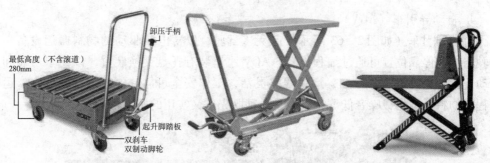

图 2 - 59　手动液压升降平台车

2. 挂车

挂车（如图 2 - 60 所示）是指由牵引车（如图 2 - 61 所示）或叉车牵引本身无动力驱动装置的车辆。由牵引车或叉车与挂车组合搬运货物，具有迅速、机动、灵活、安全等优势。挂车按挂车与牵引车的连接方式分为全挂车和半挂车。全挂车由牵引车牵引且其全部重量由本身承受的挂车；半挂车由牵引车牵引且其部分重量由牵引车承受的挂车。

图 2 - 60　挂车　　　　　　　　图 2 - 61　牵引车

3. 轨道小车（RGV）

轨道小车（如图 2 - 62 所示）是伴随着自动化物流和存储仓库而产生的一种设备，在物流系统中有着非常广泛的应用。轨道小车既可作为立体仓库的周边设备，也可是独立系统。轨道小车可以十分方便地与其他物流系统（如出/入库站台、各种缓冲站、输送机、升降机和机器人等）实现自动连接，按计划输送物料。轨道小车无须人员操作，运行速度快，因而显著地降低了仓库管理人员的工作量，提高了劳动生产率，并使物流系统变得非常简捷。轨道小车有速度快、可靠性高、成本低等特点，根据功能的不同，可分为装配型 RGV 系统和运输型 RGV 系统两大类型，主要用于物料输送、车间装配等。

图 2 - 62　轨道小车

### 4. 自动导引车（AGV）

自动导引车（如图 2 - 63 所示）是无人驾驶，以蓄电瓶驱动的物料搬运设备，其行驶路线和停靠位置可通过编程设置。AGV 小车装有托盘交换装置，以便于与装卸台自动连接。它具有服务面广，运输线路灵活，工作安全可靠，停靠定位精度高，运输过程对物料无损伤，噪音低等特点，是一种既先进又实用的搬运工具。

图 2 - 63　AGV 小车

## 二、输送设备

输送设备是指在一定的线路上，以摩擦为驱动的连续运输碎散物料和成件物品的搬运机械。输送设备可进行水平、倾斜和垂直输送，也可组成空间输送线路。输送机输送能力大，运距长，还可在输送过程中同时完成若干工艺操作，应用十分广泛。根据驱动形式来划分，可分为重力式输送机和动力式输送机。

### 1. 重力式输送机

重力式输送机是借助人力推动或利用输送物品本身的重量为动力，在倾斜的输送机上由上而下滑动，达到搬运物品的目的。重力式输送机根据滚动体不同，可分为滚轮式（如图 2 - 64 所示）、辊筒式（如图 2 - 65 所示）和滚珠式（如图 2 - 66 所示）三种类型。

图 2-64 重力式滚轮输送机

图 2-65 重力式辊筒输送机

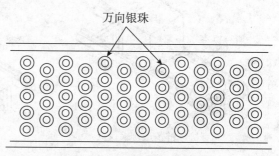

图 2-66 重力式滚珠输送机

重力式滚轮输送机适宜输送硬平底货物或袋装货物，但不适合输送底部挖空的货物，且为了使货物平稳输送，每件货物都至少应压在三根轴上（如图 2-67 所示）。重力式辊筒输送机使用范围远大于重力式滚轮输送机，一般不适宜重力式滚轮输送机输送的货物均可使用重力式辊筒输送机输送。为了使货物平稳输送，硬底货物至少应压在三支辊筒上，柔性货物至少应压在四支辊筒上（如图 2-68 所示）。重力式滚珠输送机适宜输送底部较硬的货物。

图 2-67 货物至少应压在三根轴上

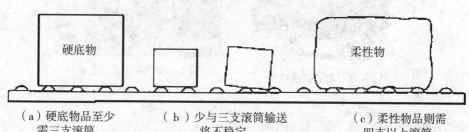

（a）硬底物品至少 　（b）少与三支滚筒输送 　（c）柔性物品则需
　需三支滚筒 　　　　　将不稳定 　　　　　四支以上滚筒

图 2-68 货物与辊筒支撑关系

## 2. 动力式输送机

动力式输送机是以电动机为动力的搬运机械。根据驱动介质不同，动力式输送机可分为链条式、辊子式、带式及悬挂式等类型。链条式输送机适宜输送形状规则的货物（如图2-69所示），辊子式输送机适宜输送形状规则、重量较大的货物（如图2-70所示），带式输送机（如图2-71所示）适宜输送不规则表面的货物或需要控制货物的间隔和精确定位的场合，悬挂式输送机（如图2-72所示）则适合要求节省占地面积、缩短输送距离的物流企业使用。

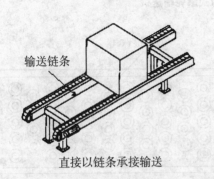
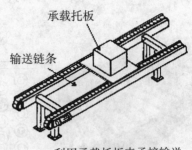

图2-69　链条式输送机

图2-70　辊子式输送机

图2-71　带式输送机　　　图2-72　悬挂式输送机

## 三、垂直搬运设施

各种垂直搬运设施有效地解决了连接楼房仓库或高层建筑各层的运输系统的需要。

仓储作业中常见的垂直搬运设施有载货电梯和板条式提升机。

1. 载货电梯

载货电梯（如图 2-73 所示）是服务于规定楼层的固定式升降搬运设备，它运送的对象通常为货物并且一般有人伴随，可分钢丝绳牵引电梯、液压顶升电梯和倾斜式电梯。载货电梯轿厢长而窄，沿着垂直（或倾斜）的固定导轨运输货物。

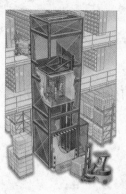

图 2-73  载货电梯

2. 板条式提升机

在多层仓库内用作拣货和托盘货物垂直运输的起重设备，其特点是占地面积小，可连续提升输送货物。提升过程中，板条组成的载货台保持水平；回程时，载货台由水平位置变成垂直位置，回程结束时，又转为水平位置，从而减少提升机的占地面积。板条式提升机根据进货口和出货口的位置可分为 S 形（如图 2-74）和 C 形（如图 2-75）两种。S 形的进货口与出货口在不同方向，而 C 形的进货口与出货口在同一方向。C 形提升机的出货口和载货台的回程交叉，容易发生事故，而 S 形出货口的作业不受载货台回程的影响。

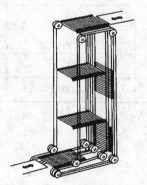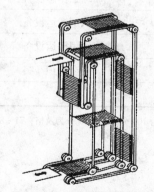

图 2-74  S 形板条提升机      图 2-75  C 形板条提升机

【实训要求】

1. 识别及使用校物流实训中心的搬运设备。

2. 每个小组训练若干分钟。

## 【实训地点】

校物流实训中心。

## 【实训时间安排】

整个实训过程安排 2 课时。

## 【实训工具】

搬运设备。

## 【实训步骤】

1. 建立小组，每小组 6~8 人，设组长一名。

2. 每组又划分 3~4 小组，两个一小组练习使用各种搬运设备。

3. 实训教师对实训效果进行总结和评价。

## 【注意事项】

1. 爱护且不随意触碰实训中心设备设施。

2. 保持安静，禁止大声喧哗。

3. 不随意丢弃物品，保持地面干净整洁。

4. 注意安全。

## 【实训评价】

表 2-3       识别使用搬运设备能力训练评价

| 考评人 | | 被考评人 | |
| --- | --- | --- | --- |
| 考评地点 | | | |
| 考评内容 | 识别使用搬运设备能力 | | |
| | 具体内容 | 分值（分） | 实际得分（分） |
| 考评标准 | 训练工作态度 | 10 | |
| | 正确识别搬运设备 | 20 | |
| | 熟练使用搬运设备 | 40 | |
| | 安全意识 | 25 | |
| 合　计 | | 100 | |

注：考评满分为 100 分，60~70 分为及格；71~80 分为中；81~90 分为良好；91 分以上为优秀。

# 任务三　识别拣货设备

## 【任务情景】

一批中职物流服务与管理专业在校生进入江西省诚信仓配中心实习。为了让他们尽快熟悉企业业务，了解工作内容，人事部安排，仓储部主管带领他们参观企业各个工作流程，本环节参观内容为仓配中心拣货设备。

## 【实训目标】

学生通过完成本任务的实训，能了解自动分拣机、电子标签辅助拣货系统和拣货叉车的类别及使用范围，熟练掌握校电子标签辅助拣货系统的使用，培养认真、细致的工作态度。

## 【实训相关知识】

### 一、自动分拣机

自动分拣机是按照预先设定的计算机指令对物品进行分拣，并将分拣出的物品送达指定位置的机械，广泛地运用于邮政、烟草、图书、医药、百货配送等行业。自动分拣系统能够依据物品不同的类别、批次、流向等信息，快捷、准确地将物品从输送或仓储系统中拣取出来，并按下发的指令自动完成分类、集中、配装等作业。分拣输送机是自动化立体仓库及物流配送中心对物流进行分类、整理的关键设备之一，它可实现物流中心准确、快捷的工作。随着激光扫描、条码及计算机控制技术的发展，自动分拣机在物流中的使用日益普遍。分拣机按照设备结构技术分为不同类型，具体见表2-4。

表2-4　　　　　　　　　按结构技术分类的分拣设备

| 分拣设备名称 | 适合物件类别 | 备注 | 附图 |
|---|---|---|---|
| 横推式分拣机 | 箱、盒、捆类物件 | | 见图2-76 |
| 悬挂式分拣机 | 袋、服装、细长类构件 | | 见图2-77 |
| 翻（盘、斗）板式分拣机 | 箱、盒类及软包装物件 | | 见图2-78 |
| 顶升斜导轮式分拣机 | 箱、盒类物品 | | 见图2-79 |
| 摇臂式分拣机 | 同上 | | 见图2-80 |
| 交叉带式分拣机 | 箱、盒、袋及易碎类物品 | | 见图2-81 |
| 推块式分拣机 | 尺寸规格内的任何物件 | 物件适应性强 | 见图2-82 |
| 塔式盒状物分拣机 | 小规格盒类 | 烟草、医药行业 | 见图2-83 |
| 其他专用分拣机 | 特定类物件 | 如账单、卡片排序设备等 | |

图 2-76　横推式分拣机

图 2-77　悬挂式分拣机

图 2-78　翻（盘、斗）板式分拣机

图 2-79　顶升斜导轮式分拣机

图 2-80　摇臂式分拣机

图 2-81　交叉带式分拣机

图 2-82　推块式分拣机

图 2-83　塔式盒状物分拣机

## 二、电子标签辅助拣货系统（CAPS）

### （一）电子标签辅助拣货系统构成

电子标签辅助拣货系统是采用先进电子技术和通信技术开发而成的物流辅助作业系统，通常使用在现代物流中心货物分拣环节，具有拣货速度快、效率高、差错率低、无纸化、标准化的作业特点。电子标签辅助拣货系统作为一种先进的作业手段，与仓储管理系统（WMS）或其他物流管理系统（如图 2－84 所示）配合使用效率更高。

图 2－84 与 WMS 关联

电子标签辅助拣货系统是由主控计算机控制一组安装在货架储位上的电子标签装置，借助上面的信号灯信号和显示屏上的数字来引导拣货人员正确、快速拣货（如图 2－85 所示）。标准型电子标签的面板由信号灯、LED 显示屏和按键构成，按键分为双键式和三键式，其中，双键式只有确认键和缺货键，三键式（如图 2－86 所示）则由确认键与可调整数量的上、下键构成。

图 2－85 电子标签拣货系统

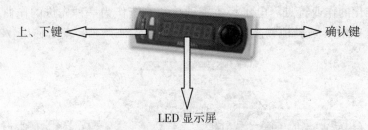

上、下键　←　　　　　　　　　　→　确认键

LED 显示屏

**图 2 - 86　标准型电子标签面板**

## （二）电子标签拣货系统的作业流程（见图 2 - 87）

1. 输入订单资料并进行处理。
2. 订单资料传送至货架上的电子标签。
3. 电子标签的 LED 显示屏显示出拣货数量。
4. 拣货人员按照电子显示屏进行拣货。
5. 拣货后按确认键，拣货完成。

**图 2 - 87　电子标签拣货系统作业流程**

## （三）电子标签辅助拣货系统分类

　　电子标签辅助拣货系统按拣货的方式不同可分为摘果式和播种式。对于摘果式拣货方式，电子标签辅助拣货系统是在拣货操作区中的所有货架上，为每一种货物安装一个电子标签，根据订单数据，发出出货指示并使货架上的电子标签亮灯（闪亮），操作员按照电子标签所显示的数量及时、准确完成商品拣货作业，如图 2 - 88 所示。

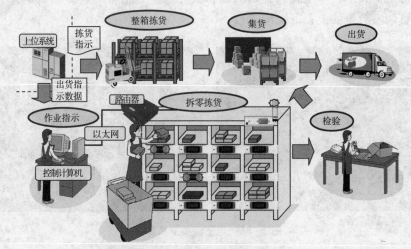

**图 2 - 88　摘果式电子标签拣货系统**

播种式拣货方式中，电子标签辅助拣货系统中的每一个储位代表每一客户（各个商店，生产线等），每一储位都设置电子标签。操作员先通过条码扫描把将要分拣货物的信息输入系统中，下订单客户的分货位置所在的电子标签就会亮灯或蜂鸣，同时显示出该位置所需分货的数量，分拣员可根据这些信息进行快速分拣作业。如图2－89所示。

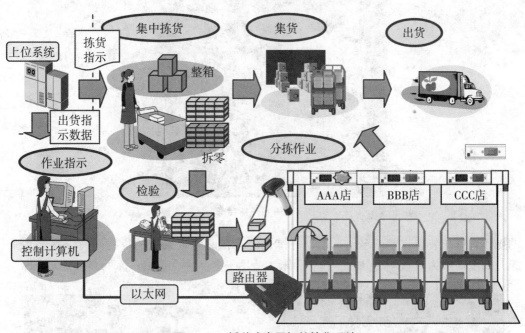

图2－89　播种式电子标签拣货系统

### 三、台车拣取系统

在拣货台车（如图2－90所示）上设置辅助拣货的计算机系统，拣货前在台车上输入商品编号及拣取数量，主计算机会将拣货信息显示在台车的终端机上，拣货人员按计算机屏幕上的指示进行拣取。使用这种设备可以不使用拣货单，功能完备的计算机辅助拣货台车，还可以检测拣取商品的数量是否准确，发生拣货错误时会自动发出警告信号。在国外，一些计算机辅助自动导引台车还可以让拣货人员直接站在车上，输入货物编号启动按钮后，红外线遥控系统会引导台车自动运转，并在欲拣取的储位前停止，拣货员依台车上显示的拣货数量拣取商品。

### 四、拣选叉车

拣选叉车是操作平台或货叉一起起升，允许操作者将货物堆放在货架上，或从货架上取出货物放置在平台或者货叉上的车辆。按照拣选货物的高度，拣选叉车可分为低位拣选叉车（如图2－91所示）和高位拣选叉车（如图2－92所示）。低位拣选叉车一般乘立台面离地面高度为20mm左右，适用于平坦地面行驶。高位拣选叉车操作台上

图 2 - 90　拣货台车

的操作者可与装卸装置一起上下运动并拣选储存在两侧货架上的货物。高位拣选叉车起升高度一般为 4~6 米，最高可达 13 米，适用于多品种少量出入库的高层货架仓库。

图 2 - 91　低位拣选叉车

图 2 - 92　高位拣选叉车

【实训要求】

1. 两人为一组进行电子标签拣货系统软件实训。

2. 每个小组训练若干分钟。

【实训地点】

校物流实训中心。

【实训时间安排】

整个实训过程安排 4 课时。

**【实训工具】**

商品若干、笔、物流箱、拣货单样本。

表 2 – 5                                    拣货单（一）

| 拣货单编号 | | | | 用户订单编号 | | | |
|---|---|---|---|---|---|---|---|
| 用户名称 | | | | | | | |
| 出货日期 | | | | 出货货位号 | | | |
| 拣货时间 | 年　月　日　时　分至　时　分 | | | 拣货人 | | | |
| 核查时间 | 年　月　日　时　分至　时　分 | | | 核查人 | | | |
| 序号 | 储位编码 | 商品名称 | 规格型号 | 商品编码 | 数量（包装单位） | | 备注 |
| | | | | | 托盘 | 箱 | 单件 | |
| 1 | | | | | | | | |
| 2 | | | | | | | | |
| 3 | | | | | | | | |
| 4 | | | | | | | | |
| 5 | | | | | | | | |
| 6 | | | | | | | | |
| 7 | | | | | | | | |

表 2 – 6                                    拣货单（二）

| 分货单编号 | | | 数量（包装单位） | | |
|---|---|---|---|---|---|
| 商品名称 | | | | | |
| 规格型号 | | | 托盘 | 箱 | 单件 |
| 商品编码 | | | | | |
| 生产厂家 | | 储位编码 | | | |
| 分货时间 | 年　月　日　时　分至　时　分 | 分货人 | | | |
| 核查时间 | 年　月　日　时　分至　时　分 | 核查人 | | | |
| 序号 | 订单编号 | 用户名称 | 数量（包装单位） | | 出货货位 | 备注 |
| | | | 托盘 | 箱 | 单件 | | |
| 1 | | | | | | | |
| 2 | | | | | | | |
| 3 | | | | | | | |

【实训步骤】

1. 建立小组,每小组 6~8 人,设组长一名,每两人为一个小分组进行软件操作实训。

2. 小组长为本小组成员的资料发放员,另两位实训同学分别扮演拣货员或补货员及信息录入员,同组其他同学则扮演检验员。

3. 拣货员或补货员从资料员处领取拣货或补货资料。

4. 拣货员或补货员领取资料后,根据货物特性选择适宜的拣货工具,使用电子标签拣货系统进行拣货及补货作业。

5. 检验员监督、检查拣货作业员整个作业过程,并对拣货作业员的作业结果进行检验。

6. 实训教师对实训效果进行总结和评价。

【注意事项】

1. 实训前做好熟悉电子标签拣货系统软件使用过程准备。

2. 爱护且不随意触碰实训中心设备设施。

3. 保持安静,禁止大声喧哗。

4. 不随意丢弃物品,保持地面干净整洁。

【实训评价】

表 2-7　　　　　　　　　　按订单拣货模式拣货能力训练评价

| 考评人 | | 被考评人 | | |
|---|---|---|---|---|
| 考评地点 | | | | |
| 考评内容 | 使用电子标签拣货系统能力 | | | |
| 考评标准 | 具体内容 | 分值(分) | | 实际得分(分) |
| | 训练工作态度 | 20 | | |
| | 熟悉电子标签拣货系统软件 | 35 | | |
| | 拣货过程完整 | 25 | | |
| | 拣货迅速准确 | 20 | | |
| | 合　计 | 100 | | |

注:考评满分为100分,60~70分为及格;71~80分为中;81~90分为良好;91分以上为优秀。

# 任务四 认识辅助设备

## 【任务情景】

一批中职物流服务与管理专业在校生进入江西省诚信仓配中心实习。为了让他们尽快熟悉企业业务，了解工作内容，人事部安排，仓储部主管带领他们参观企业各个工作流程。本环节参观内容为仓配中心辅助设备。

## 【实训目标】

通过本环节实训，了解平台、叉车属具种类，掌握各种平台、叉车属具的使用。

## 【实训相关知识】

### 一、平台

#### 1. 升降平台

升降平台一般采用液压驱动，故称液压升降台，它是一种相对简单且功能多样的起重装卸机械设备。按移动的方法不同分为固定式升降平台、移动式升降平台、液压式升降平台、曲臂式升降平台和套缸式升降平台。

（1）固定式升降平台

固定式升降平台（如图2-93所示）是一种升降稳定性好，适用范围广的货物举升设备。在仓储装卸场所，可与叉车等搬运车辆配套进行货物快速装卸。固定式升降平台可根据使用要求，配置附属装置，进行任意组合，最大限度地发挥升降平台的功能，取得最佳的使用效果。

图2-93 固定式升降平台

（2）车载式升降平台

车载式升降平台（如图2-94所示）是为提高升降平台的机动性，将升降平台固定在电瓶搬运车或货车上，以适应库区内外的高空作业。

图 2 - 94　车载式升降平台

（3）液压式升降平台

液压式升降平台（如图 2 - 95 所示）使用广泛，具有升降平稳准确、频繁启动、载重量大等特点。

图 2 - 95　液压式升降平台

（4）曲臂式升降平台

曲臂式升降平台（如图 2 - 96 所示）能悬伸作业、跨越一定的障碍或在一处升降可进行多点作业，平台载重量大、移动性好。根据动力划分，可分为柴油机、柴油机和电双用、纯电瓶驱动三种，适用于车站、码头等大范围作业。

图 2 - 96　曲臂式升降平台

（5）套缸式升降平台

套缸式升降平台（如图 2-97 所示）采用多级液压缸直立上升，具有优越的平稳性，能为了保持高起升时的稳定性，在套缸两侧设有塔形梯状护架。

图 2-97　套缸式升降平台

2. 装卸平台

装卸平台是工业物流搬运与装卸的辅助设备之一，用于调节货台与货车之间高度差的液压、气动或机械装置，广泛应用于工业、商业、农业等仓库、物流与配送中心。它分为固定式装卸平台（如图 2-97 所示）、移动式装卸平台（如图 2-98 所示）两种。装卸平台的主要作用是在货台与运输车辆之间搭起一座桥，设备一端与货台等高，另一端搭在车厢后缘上，使得搬运叉车得以从货台进入货车装卸货物。装卸平台能根据不同的车型及装车过程中车厢的变化，自动调整高度，帮助用户安全、高效地装卸各种高度和大小的货车。

（1）固定式装卸平台

固定式装卸平台是实现货物快速装卸的专用辅助设备，它的高度调节功能能够在货车与库房的货台之间架起一座桥梁，叉车等搬运车辆通过它能直接驶入货车内部进行货物的批量装卸，仅需单人作业，即可实现货物的快速装卸，如图 2-98 所示。

图 2-98　固定式装卸平台

（2）移动式装卸平台

移动式装卸平台广泛用于无装卸设备的货台及流动装卸场所，是与叉车配合使用的货物装卸辅助设备。借助该设备，叉车能直接驶入汽车车厢内部进行批量装卸作业。只需单人操作，不需动力电源，即可实现货物的安全快速装卸，如图2－99所示。

图2－99　移动式装卸平台

## 二、叉车属具

目前人们越来越重视叉车的工作效率及其安全性能，而提高叉车工作效率及其安全性的一个重要手段，就是为叉车配装属具。例如：使用纸卷夹搬运纸卷与不带纸卷夹的叉车搬运纸卷相比，可以避免15%的纸卷破损率；用推拉器与滑板搬运物料，滑板替代托盘，降低了成本，又节省了托盘的维修、堆垛的费用等。

叉车属具可以帮助叉车实现一机多用，使叉车成为具有叉、夹、升、旋转、侧移、推拉、倾翻等多用途和高效能的物料搬运工具，适应多种工况的需要。叉车属具是物流密不可分的一个组成部分，其设计和制造也具有专业化和高效化的发展趋势。常见叉车属具有起重臂（如图2－100所示）、串杆（如图2－101所示）、桶夹（如图2－102所示）、铲斗（如图2－103所示）、叉套（如图2－104所示）、纸箱夹（如图2－105所示）、纸卷夹（如图2－106所示）、推出器（如图2－107所示）、圆木夹（如图2－108所示）、软包夹（如图2－109所示）、侧移器（如图2－110所示）、倾翻货叉（如图2－111所示）、前移叉（如图2－112所示）等类型。

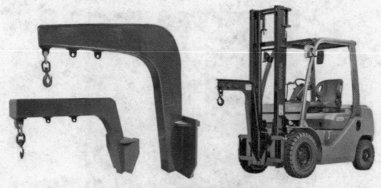

图2－100　起重臂

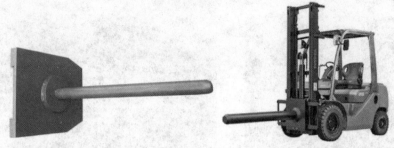

图 2 – 101　串杆

图 2 – 102　桶夹

图 2 – 103　铲斗

货叉套
　　货叉套可安全地套在叉车货叉上，增加货叉作业长度，叉取因正常货叉太短而够不了货物

图 2 – 104　叉套

图 2 – 105　纸箱夹

图 2 – 106　纸卷夹

图 2 - 107　推出器

图 2 - 108　圆木夹

图 2 - 109　软包夹

图 2 - 110　侧移器

图 2 - 111　倾翻货叉

图 2 - 112　前移叉

【实训要求】

认识每种叉车属具，了解其用途。

【实训地点】

本班教室。

## 【实训时间安排】

整个实训过程安排 1 课时。

## 【实训工具】

叉车属具图片若干套。

## 【实训步骤】

1. 建立小组，每小组 6~8 人，设组长一名。
2. 教师布置认知叉车属具实训任务，发放叉车属具图片。
3. 各组识别叉车属具。
4. 小组比赛填写叉车属具名称并派代表说出教师任意抽选的叉车属具用途。
5. 实训教师对实训效果进行总结和评价。

## 【注意事项】

1. 注意保持实训课纪律。
2. 爱惜实训工具。

## 【实训评价】

表 2-8　　　　　　　　　　　　识别辅助设备能力训练评价

| 考评人 | | 被考评人 | |
|---|---|---|---|
| 考评地点 | | | |
| 考评内容 | 识别辅助设备能力 | | |
| 考评标准 | 具体内容 | 分值（分） | 实际得分（分） |
| | 训练态度 | 15 | |
| | 正确识别叉车属具 | 35 | |
| | 正确说明叉车属具用途 | 40 | |
| | 用时 | 10 | |
| 合　计 | | 100 | |

注：考评满分为 100 分，60~70 分为及格；71~80 分为中；81~90 分为良好；91 分以上为优秀。

# 任务五　识别仓储设备

**【任务情景】**

一批中职物流服务与管理专业在校生进入江西省诚信仓配中心实习。为了让他们尽快熟悉企业业务，了解工作内容，人事部安排，仓储部主管带领他们参观企业各个工作流程。本环节参观内容为仓配中心仓储设备。

**【实训目标】**

学生通过完成本任务实训，了解站台的类型及适用范围，站台设备及其作用，装卸门的类型。

**【实训相关知识】**

一、站台

站台，也称之为月台或码头，线路与仓库的连接点，是仓库进出货的必经之路。站台是停靠车辆，装卸、暂存进出库货物的场所。利用站台能方便地完成货物的装卸作业，实现物流网络中线与结点的衔接转换。

（一）站台的形式

站台的形式主要有高站台（如图2-113所示）和低站台两种。高站台的站台高度与车辆货台高度一样，一旦车辆停靠后，车辆货台与站台处于同一水平面，有利于使用作业车辆进行水平装卸。低站台的站台高度往往是和仓库地面处于同一高度，以利于站台与仓库之间的搬运。低站台与车辆之间的装卸作业不如高站台方便。

图2-113　高站台库房

## （二）站台高度的确定

设计站台高度时，应尽量减少不同车辆停靠时车厢底板与站台高度差，以提高作业效率。出入库站台的高度一般在 1.4m ~ 1.6m，不同车辆适合的站台高度有所差别，参考取值见表 2 - 9。

表 2 - 9　　　　　　　　　　　适合不同车辆的站台高度

| 车　型 | 站台高度（m） | 车型 | 站台高度（m） |
|---|---|---|---|
| 平板车 | 1.32 | 冷藏车 | 1.32 |
| 长途挂车 | 1.22 | 作业拖车 | 0.91 |
| 市区卡车 | 1.17 | 载重车 | 1.17 |
| 国际标准集装箱拖车 | 1.40 | | |

## （三）站台距离的调整

为作业安全起见，应尽量克服车辆与站台之间的间距和高度差。一般站台常采用以下设施来调整站台与送货车辆之间的距离。

### 1. 可移动式楔块

装卸货品时，可移动式楔块（如图 2 - 114 所示）放置于卡车或拖车的车轮旁固定，以避免装卸货期间车轮意外地滚动可能造成的危险。

图 2 - 114　可移动式楔块

### 2. 升降平台

升降平台又可分为卡车升降平台（如图 2 - 115）和码头升降平台（如图 2 - 116），卡车升降平台多用于无站台的仓库，以提高或降低车辆后轮使得车底板高度与月台一致，而方便装卸货。码头升降平台用以调整码头平台高度来配合配送车车底板的高度。

图 2 - 115　卡车升降平台　　　图 2 - 116　码头升降平台

### 3. 车尾附升降板

装置于配送车尾部的特殊平台。当装卸货时，可运用此平台将货物装上卡车或卸至站台。车尾附升降板（如图2-117所示）可延伸至站台，亦可倾斜放至地面，适于无站台设施的物流中心或零售点的装卸货使用。

图2-117　车尾附升降板

### （四）站台设计

设计库房站台时，应考虑进出货站台的安排方式，确定站台的数量、作业通道的宽度和码头型式。

#### 1. 进出货站台的安排方式

为了使货物能顺畅地进、出仓库，进货站台与出货站台的位置设计很重要。进出货站台的安排方式主要是由仓库内物流的情况决定，通常有混合型、相邻型、分离型和分散型四种方式。

（1）混合型站台

混合型站台（如图2-118所示）即进货与出货作业共用站台，这种设计可以提高空间及设备使用率，但在进、出货高峰期容易造成进出货相互影响，不利于仓库的管理。这种设计适合进出货时间错开的仓库。

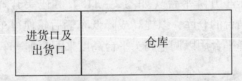

| 进货口及<br>出货口 | 仓库 |
| --- | --- |

图2-118　混合型站台

（2）相邻型站台

相邻型站台（如图2-119所示）即进货口与出货口独立但相邻，这种设计的进货作业与出货作业空间分隔，便于管理，设备使用率高，但在进、出货高峰期容易造成进出货相互牵绊和混乱。适合库房空间适中，进货作业与出货作业错开的仓库。

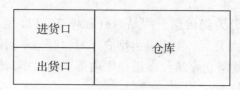

图 2 - 119 相邻型站台

（3）分离型站台

分离型站台（如图 2 - 120 所示）即进出货作业使用不同码头，且两者不相邻。这种设计的进出货作业属于完全独立的两部分，各自有专用的设备，进货与出货顺畅，但设备及空间的使用率低。适合于厂房空间大且进出货时段冲突频率的仓库。

图 2 - 120 分离型站台

（4）分散型站台

分散型站台（如图 2 - 121 所示）即有数个进货、出货码头，是将好几个码头分散于库房的四周，而每一个码头配合特定的作业区域。如果库房空间足够且货品进出频繁复杂，可以规划多个码头以实现对存货的及时需求管理。

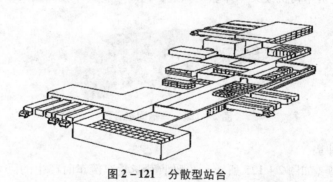

图 2 - 121 分散型站台

2. 站台数量

库房站台数量的确定一般以"任何时刻都能让进出货车辆通行无阻，不用等待即可装卸货"为原则。设计站台数量时，应以有关进出货的历史资料为依据，综合考虑高峰期到达的车辆数量，每辆车装卸货所需的时间及未来库房扩大或变更的可能性等因素。

3. 作业通道的宽度

作业通道的宽度与装卸货使用的搬运车辆型式有关。使用手动托盘车所需的作业通道宽度约是 1.8m ~ 2.4m。动力堆高机所需的作业通道宽度约是 2.4m ~ 4.5m。此作业通道只限于装卸货使用，以便进出搬运车辆能载货至暂存区。

## 4. 站台型式

站台设计型式一般分为锯齿型仓库站台（如图 2 – 122 所示）、直线型仓库站台（如图 2 – 123 所示）两大类型。使用锯齿型仓库站台时，车辆回旋纵深较浅，但占用仓库内部空间较大。直线型仓库站台占用仓库内部空间较小，但使用时车辆回旋纵深较深，对外部空间要求较大。

图 2 – 122　锯齿型仓库站台　　　　图 2 – 123　直线型仓库站台

## 二、站台设备

### 1. 车辆固定装置

车辆固定装置（如图 2 – 124 所示）装在站台正面。当货车停靠站台时，车辆固定装置上的卡勾可手动或自动升起，勾住货车保险杆下方的底盘固定杆，以避免因站台作业人员与货车司机沟通不良，货车过早驶离，造成叉车翻覆的危险。此装置并附有管制标志，可让货车司机或叉车作业员知道，何时可将货车驶离或叉车可驶入货车。

图 2 – 124　车辆固定装置

### 2. 站台缓冲垫

安装缓冲垫（如图 2 – 125 所示）可吸收载货货车倒车时产生的巨大冲击力，以保护站台及货车。厚度一般为 100mm～150mm，可分为 L 型、长方型或多片式等型式。

图 2 – 125　站台缓冲垫

### 3. 码头高度调整板

码头高度调整板（如图2－126所示）是为了配合各种不同高度的货车在码头可以方便地装卸货而安装的辅助设备。依据驱动不同，可分为机械式和液压式两种。

图2－126　码头高度调整板

## 三、仓库装卸货门

仓库装卸货门主要是将库房与站台隔开，防止冷气、暖气外泄、隔绝噪声，使用时应能让叉车自由进出。仓库装卸货门可分为以下五种。

### 1. 摆动门

摆动门（如图2－127所示）是由叉车前进推开。由于是以推撞方式开门，故在门的底部常受撞击的区域，通常加钉一层橡皮以降低撞击对门的破坏。

图2－127　摆动门

### 2. 弹性片门

弹性片门（如图2－128所示）是由细长透明的塑料片构成，由上方悬吊垂下。

图 2 - 128　弹性片门

3. 电动垂直快速卷门

电动垂直快速卷门（如图 2 - 129 所示）具有良好的能见度，门的开关可自动控制。

图 2 - 129　电动垂直快速卷门

4. 电动快速拉门

电动门（如图 2 - 130 所示）一般设定成自动模式，当叉车通过电眼传感器，即可自动开关或以手动无线电遥控器来控制开关。电动快速拉门可由中间往两边拉开或由一边往另一边拉开。

图 2 - 130　电动快速拉门

5. 气密门

气密门（如图 2 – 131 所示）主要是为了节省能源，防止冷气外泄，一般应用于冷冻冷藏库。气密门的尺寸必须配合货柜车，以保证密闭效果。

图 2 – 131　气密门

【实训要求】

　　1. 认真倾听企业人员讲解。

　　2. 参观后每个小组制作一份参观报告并派代表汇报。

【实训地点】

　　昌大瑞丰仓库。

【实训时间安排】

　　整个实训过程安排 1 课时。

【实训工具】

　　笔、笔记本、照相机。

【实训步骤】

　　1. 教师宣布参观纪律，小组长协助教师维护参观纪律。

　　2. 跟随企业人员参观并随时提问、记录。

　　3. 小组制作参观报告。

　　4. 小组派代表汇报参观报告。

　　5. 小组互评，教师对各小组进行评价。

【注意事项】

　　1. 遵守参观纪律，切忌大声喧哗。

　　2. 不随意触摸仓库设施设备及货物。

　　3. 保持作业环境卫生，不乱扔垃圾。

## 【实训评价】

**表 2 - 10**　　　　　　　　　　**识别仓储设备能力训练评价**

| 考评人 | | 被考评人 | |
|---|---|---|---|
| 考评地点 | | | |
| 考评内容 | | 识别仓储设备能力 | |
| 考评标准 | 具体内容 | 分值（分） | 实际得分（分） |
| | 参观纪律 | 15 | |
| | 资料收集 | 40 | |
| | PPT 制作 | 25 | |
| | 语言流畅 | 20 | |
| 合　计 | | 100 | |

注：考评满分为100分，60~70分为及格；71~80分为中；81~90分为良好；91分以上为优秀。

# 项目三　入库作业实训

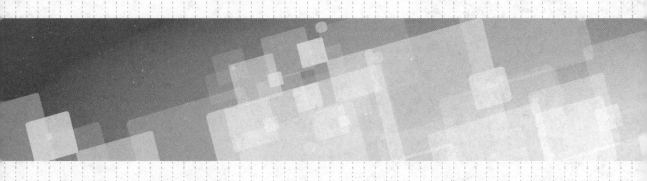

# 任务一　计量物资

**【任务情景】**

江西省诚信仓配中心仓管员接到 J 公司 A1，A2 两批货物的入库申请，物资到库后，要对这两批货物进行重量和尺码的计量，仓管员对两批货物进行数量验收。

**【实训目标】**

通过本任务的实训，能熟练识别各类货品，能对不同的货品进行分类，掌握计量不同货品所需申请的计量工具，并学会磅秤、游标卡尺、千分尺的使用，完成制量具使用登记表、磅码单的填写。

**【实训相关知识】**

常用的验收工具有衡器设备和量具设备。

一、衡器设备

衡器是仓库作业中最主要计量设备。使用衡器可以测量物资在收发保管过程中数量上的准确性。仓库根据其作业性质与收发量大小，一般配置磅秤、案秤、汽车衡等衡器设备。

1. 磅秤的使用方法

（1）使用前，应进行空秤平衡检查，将游砣移至零位，打开视准器，如图 3 - 1 所示，此时标尺应在视准器内上下均匀摆动，摆幅应对称，若不平衡，可调节平衡砣，调节至平衡，然后关上视准器，准备使用。

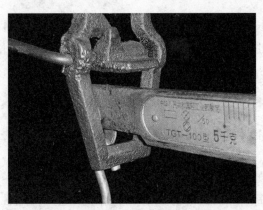

图 3 - 1　空秤平衡检查

（2）将待称重物品放于秤体上，加适当的秤砣，观察标尺在视准器内上下均匀摆动，然后读数。

（3）使用完毕后将秤砣取下，不可常挂在砣挂上，将取下的秤砣挂在砣架上，如图3-2所示。

图3-2　秤砣挂在砣架上

2. 使用注意事项

（1）为延长使用寿命，在使用时，放东西要轻，尽可能放于磅秤中央，不要超出磅案秤所标示的秤量。

（2）称砣及砣挂必须妥善保管，切不可作其他用途，以防失去应有的准确重量，游砣也应保持完整，切不可拆卸。

（3）不同臂比的秤，其称砣不能互换使用。

（4）磅秤的轮子是为了在平坦的地面上作短距离的移动，除此外，搬运必须采用抬或紧扎在车上运送，防止损坏零部件。搬抬时，不要抬顶板、标尺或砣架等易折断的部位。

（5）专人保管，定期计量，切勿放在露天风吹雨淋，防止受潮生锈，降低准确性，但不要在刀口部位涂油。

二、量具设备

部分仓库物资以长度为计量单位，凡物资的长度和规格尺寸的计量，必须使用量具测量。因此，量具也是仓库常备的计量工具，其种类包括普通量具和精密量具。

（一）普通量具

1. 直尺

直尺分为木制、钢制和塑料制等多种类型。常用的直尺刻有公制和英制两种刻度。

2. 卷尺

卷尺有钢卷尺（如图3-3所示）和皮尺（如图3-4所示）两种。使用钢卷尺时应注意勿使其扭曲折断，并要注意防止割破手指。皮卷尺伸缩性较大，不及钢卷尺准确，特别是使用日久涂层磨损后，其伸缩性更大，有时可达5%。使用皮卷尺时，不得拖拽、打折和拉张，并在收起时不可过分紧绕或放松。

图3-3　5米钢卷尺　　　　　　图3-4　50米皮尺

（1）卷尺的测量方法

使用卷尺来度量材料时，必须将测量尺放正。测量长方形物料的长度，要与被量的物料顶端垂直，与侧边平行；测量宽度时要与被量物料顶端平行，与侧边垂直，如图3-5所示。测量圆形物料的长度时，要与物料的中心线平行。如果用尺在圆形物料的顶端测量其直径，或在孔外测量其内径，被测量的物料截面一定要相当平整，而且测量时要用尺靠着物料一面的边缘来回扭动，测量得最大的尺寸，才是物料的外径或内径的真正大小。

图3-5　卷尺的测量方法

（2）卷尺的读数

①直接读数法

测量时钢卷尺零刻度对准测量起始点，施以适当拉力（拉尺力以钢卷尺鉴定拉力或尺上标定拉力为准，用弹簧秤衡量），直接读取测量终止点所对应的尺上刻度。

②间接读数法

在一些无法直接使用钢卷尺的部位，可以用钢尺或直角尺，使零刻度对准测量点，尺身与测量方向一致；用钢卷尺量取到钢尺或直角尺上某一整刻度的距离，用读数法量出。

（二）精密量具

1. 游标卡尺

（1）按照用途的不同，游标卡尺可分为普通游标卡尺、高度游标卡尺、深度游标卡尺和齿形游标卡尺。

（2）仓库常用的主要是普通游标卡尺，其精度有 0.1mm、0.05mm 和 0.02mm 三种。各种游标卡尺的用途虽有不同，但其构造原理基本相同。游标卡尺的构造如图 3－6所示。

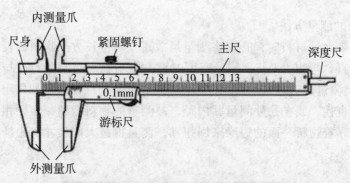

图 3－6　游标卡尺构造

（3）游标卡尺的读法。

①根据副尺零线以左的主尺上的最近刻度读出整数，即为所量尺寸的毫米整数。

②在副尺上找出与主尺刻线对齐的刻线，其格数与卡尺精度的乘积即为所测尺寸的小数部分。

③将上面的整数和小数两部分相加，即得总尺寸。

读数 = 整的毫米数（主尺）＋十分之几毫米（游标）

以 0.02 游标卡尺的某一状态为例（如图 3 － 7 所示）。主尺是 3mm，游标尺是 22 格，每一格是 0.02mm，因此读数是：3mm ＋ 22 × 0.02mm ＝ 3.44mm

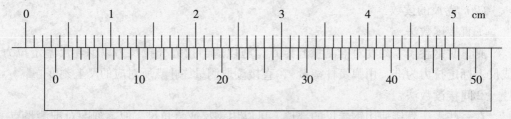

图 3－7　游标卡尺的读数

（4）游标卡尺的使用步骤。

用软布将量爪擦干净，使其并拢，查看游标和主尺身的零刻度线是否对齐。如果对齐就可以进行测量，如没有对齐则要记取零误差。游标的零刻度线在尺身零刻度线右侧的叫正零误差，在尺身零刻度线左侧的叫负零误差（这种规定方法与数轴的规定一致，原点以右为正，原点以左为负）。

测量时，右手拿住尺身，大拇指移动游标，左手拿待测外径（或内径）的物体，使待测物位于外测量爪之间，当与量爪紧紧相贴时，即可读数。

当测量零件的外尺寸时：卡尺两测量面的连线应垂直于被测量表面，不能歪斜。测量时，可以轻轻摇动卡尺，放正垂直位置。否则，量爪若在错误的位置上，将使测量结果比实际尺寸要大；先把卡尺的活动量爪张开，使量爪能自由地卡进工件，把零件贴靠在固定量爪上，然后移动尺框，用轻微的压力使活动量爪接触零件。如卡尺带有微动装置，此时可拧紧微动装置上的固定螺钉，再转动调节螺母，使量爪接触零件并读取尺寸。绝不可把卡尺的两个量爪调节到接近甚至小于所测尺寸，把卡尺强制地卡到零件上去。这样做会使量爪变形，或使测量面过早磨损，使卡尺失去应有的精度。

2. 千分尺

（1）千分尺又称千分卡、厘分卡，也是一种常用的精密测量量具，其精度比游标卡尺高，适用于测量精度要求高的工件。按照用途，千分尺可分为千分尺、内径千分尺、深度千分尺和螺旋千分尺等。

（2）在物资仓库经常会使用的主要是千分尺，主要测量工件的外径。千分尺的构造如图 3 - 8 所示。

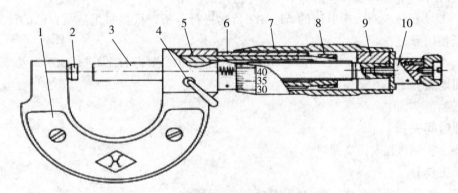

图 3 - 8 千分尺构造

1—尺架；2—砧座；3—测微螺杆；4—锁紧装置；5—螺纹轴套；6—固定套管；
7—微分筒；8—螺母；9—接头；10—测力装置

（3）千分尺的读法。

①先读整数，看微分左边固定套筒上有数字的刻线露出部分是多少，那么它即是测得零件尺寸的整数部分先读固定刻度。

②读小数，看微分筒的哪条刻线与固定套筒上的轴向刻线对齐。首先读出该读数，再看半刻度线（0.5mm 刻线）是否露出，如果半刻度线没露出来，那么刚才读出的刻线读数即为小数；如果半刻度线露出来了，那么要加上 0.5mm 作为毫米小数（小数部分）。在读数时要注意，看 0.5mm 的刻线是否露出来，否则会少读或多读 0.5mm。

③两次读数相加（把整数部分和小数部分相加）即为千分尺的读数。如图 3 - 9 所

示，固定套筒露出的数值是5mm，微分筒刻线所对齐的数值是0.37mm，0.5mm刻线已露出来，所以读数是：5mm+0.5mm+0.37mm=5.87mm。

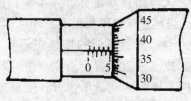

**图3-9 千分尺的读数**

（4）千分尺的使用步骤。

①使用前应先检查零点：缓缓转动微调旋钮，使测杆和测砧接触，到棘轮发出声音为止，此时可动尺（活动套筒）上的零刻线应当和固定套筒上的基准线（长横线）对正，否则有零误差。

②左手持尺架，右手转动粗调旋钮使测杆与测砧间距稍大于被测物，放入被测物，转动保护旋钮到夹住被测物，直到棘轮发出声音为止，拨动固定旋钮使测杆固定后读数。

【实训要求】

1. 每小组先学习磅秤、游标卡尺、千分尺的使用。

2. 每小组依次对入库申请的A1、A2货物进行分析，根据每组队员自己的计划填制量具使用登记表。

3. 每小组分发磅码单，对A1、A2货物进行磅码，老师对结果进行比对误差。

【实训地点】

校物流实训中心。

【实训时间安排】

整个实训过程安排2课时。

【实训工具】

笔、本公司产品名称、量具使用登记表、磅码单。

表3-1                         **量具使用登记**

| 量具名称与编号 | 借领人 | 借领时间 | 量具性能与外观 | 归还时间 | 归还人 | 量具性能与外观 | 备注 |
|---|---|---|---|---|---|---|---|
|  |  |  |  |  |  |  |  |
|  |  |  |  |  |  |  |  |
|  |  |  |  |  |  |  |  |
|  |  |  |  |  |  |  |  |
|  |  |  |  |  |  |  |  |

表 3 – 2　　　　　　　　　　　　　　　　　磅码单

| 品名规格 | 序号 | 重量 | 单位 | 备注 |
|---|---|---|---|---|
|  |  |  |  |  |
|  |  |  |  |  |
|  |  |  |  |  |
|  |  |  |  |  |
|  |  |  |  |  |

## 【实训步骤】

1. 建立小组，每小组 4 ~ 5 人，每小组设组长一名。

2. 每小组学习磅秤、游标卡尺、千分尺的使用。

3. 小组成员扮演仓管员向另外小组成员下达新的入库申请，让其做好物资接收准备。

4. 小组成员根据入库申请中物品类型判断如何进行物资计量，并填写量具使用登记表。

5. 凭已经填好的量具使用登记表到老师处领取相应的量具。

6. 小组成员一同使用量具对物资进行计量，并填制磅码单。

7. 其他组成员对演练同学给予分析和评价。

8. 由实训教师对实训效果进行总结和评价。

## 【注意事项】

1. 在模拟训练过程中，学生要严肃认真，按组长分配任务分发单证，表单的内容要全面，填写项目要准确无误。

2. 熟悉每个角色的工作职责，严格按训练程序进行。

3. 严格按计量工具操作规范进行正确的测量，注意读数方法。

4. 做好计量仪器及人身安全保护工作。

## 【实训评价】

表 3 – 3　　　　　　　　　　　　　　计量物资能力训练评价

| 考评人 | | | 被考评人 | |
|---|---|---|---|---|
| 考评地点 | | | | |
| 考评内容 | | 计量物资能力 | | |
| 考评<br>标准 | 具体内容 | | 分值（分） | 实际得分（分） |
| | 训练工作态度 | | 20 | |
| | 表单填写准确、清晰 | | 20 | |
| | 货物计量数据无误 | | 30 | |
| | 计量时间 | | 30 | |
| 合　计 | | | 100 | |

注：考评满分为 100 分，60 ~ 70 分为及格；71 ~ 80 分为中；81 ~ 90 分为良好；91 分以上为优秀。

# 任务二　接运与验收货物

## 【任务情景】

江西诚信仓配中心收到客户 K2 的入库通知单，请小组同学分别以仓管员和送货人的身份完成这批货物的交接、验收及入库工作。

### 入库通知单

江西省诚信仓配中心：

根据贵我双方签署的仓储保管合同，我公司现有一批货物委托×××货运有限公司运送至贵公司储存，请安排接收。具体情况如下：

| 品　名 | 规　格 | 单　位 | 数　量 | 包　装 |
| --- | --- | --- | --- | --- |
| 矿泉水 | 1升 | 瓶 | 24 | 12瓶/箱 |
| 洗衣粉 | 500g | 袋 | 24 | 24袋/箱 |
| 洗洁精 | 500g | 瓶 | 24 | 12瓶/箱 |
| 方便面 | 100g | 袋 | 48 | 24袋/箱 |

请在 2014 年 5 月 16 日前完成入库。

联系人：K2 有限公司

电话：138×××××××

2014 年 5 月 13 日

## 【实训目标】

货物交接、验收工作是仓库提出退换货和索赔的依据，是避免商品积压，减少经济损失的重要手段，货物交接单可以明确商品责任转移，商品的验收可以防止劣质商品进入流通渠道。凡货物进入仓库储存，必须经过检查验收，然后办理交接。通过完成本项目的实训，让学生掌握货物验收的要点及货物入库程序。

## 【实训相关知识】

验收作业是指物流配送中心内部负责接受货物并检验到货的数量和质量的作业环节，包括核对单证和检验实物。验收作业是确保入库物资数量准确、质量完好的最重要的一个环节。

## 一、验收的基本过程

### （一）引导车辆

引导供应商的送货车辆进入正确的收货站台，组织卸货人员将货物卸到待验区。保管员填写请验单（入库验收通知单），通知验收员进行验收。

### （二）核对单据

司机将送货单交给物流配送中心的验收人员，验收员核对送货单与物流配送中心的预入库单是否一致。送达的货物一般都附有货运单或交货通知单，可以将它们与物流配送中心的预入库单货物数量和货物编号加以比较，检查是否一致。交货期检查是检查实际交货日期与订购单上的交货日期是否一致。如果供应商提早交货，可能会使库存上升，占用货位。有时供应商为了降低自己的存储费用，提早分批发货，如未经物流配送中心许可，应予以退回。

### （三）验收货物

选择合适验收的方法，验收人员检验货物的数量和品质。

### （四）签收单据

检验无误后，物流配送中心的验收人员在送货单上填写实收数量、备注等资料后，在签收人处签名确认。并填写"验收单"，在入库单上签字，同时将有关入库信息及时准确地录入库存商品信息管理系统。

### （五）储位标记

在货物外箱上做已验收标记，并注明该托盘上货物的数量及入库储位号等信息，以便仓库保管员正确入库。验收员完成验收工作，填写入库验收记录，在入库单上签字。保管员凭有验收员签字的入库单，核对无误后，将货物转到合格品区。

## 二、货物入库验收标准

货物入库验收包括数量与质量的检查，因此验收标准也分为数量验收标准和质量验收标准。

### （一）数量验收标准

按照采购合同或订单要求。

### （二）质量验收标准

（1）采购合同或订单所规定的具体要求和条件。

（2）议价时的合格样品。

（3）各类产品的国家品质标准或国际标准。

## 三、货物入库验收内容

### （一）外包装检查

（1）查看包装有无破损及破损程度。

（2）部分贵重货物或易碎货物的纸箱包装有无摔痕或皱褶。

（3）商品包装有无不变形或商品外漏。

（4）液体货物外包装有无漏液情况，有无被其他液体污染或浸泡过的痕迹。

### （二）外包装规格检查

（1）外包装上的产品名称、大小规格、颜色、等级、标准等。

（2）外包装上的商品条码（或物流条码）。

### （三）拆箱检查

为防止错装其他货物，可进行适当的抽样开箱检查。主要检查以下几方面：

（1）包装内的商品是否有破损及其他损伤情况。

（2）检查包装内商品的规格、名称、条码等。

（3）商品的保质期是否符合验收标准。对于商品的保质期的检验要特别注意，一般物流配送中心对商品的保质期都有相应的标准，超出范围的商品拒收。

### （四）货物数量清点

清点箱内货物数量，确认无误后，清点托盘上货物整件数量。

检查货物数量主要包括以下内容：

（1）实际交货数量与交货通知单的数量比较。

（2）实际交货数量与预入库单的数量比较。

## 四、货物入库验收方法

### （一）数量验收方法

（1）标记记件法：对每一定件数的商品作标记，待全部清点完毕后，再按标记计算总数。该方法适用于大件、大批量商品的清点。

（2）分批清点法：将商品堆码，每行、列、层堆码件数相同，清点完毕后统一计算。该方法适用于包装规则、批量不大的货物的清点。

（3）定额装载法：用托盘、平板车和其他装载工具实行定额装载，最后计算入库数量。该方法适用于包装规则、批量大的货物的清点。

## （二）质量验收方法

由于交接时间短促、现场码盘等条件的限制，在收货点验时，一般只能用"看""闻""听""摇""拍""摸"等感官检验方法，检查范围也只能是包装外表。

（1）视觉检验：观察货物的颜色、结构，检查是否有变形、破损、变色、脱落或结块现象。例如验收液体商品应检查包装箱外表有无污渍，包括干渍和湿渍，如有，必须拆箱检查并更换包装。

（2）听觉检验：通过摇动、敲击判断质量。例如验收玻璃制品时，可以摇动或倾倒细听声响，如果发现有破碎声响，应当场拆箱检查，以明确交接责任。

（3）触觉检验：通过手感判断质量。

（4）味觉、嗅觉检验：通过气味和味道判断质量。例如验收香水、花露水等商品时，可以在箱子封口处"闻"，如果闻到香气严重刺鼻，可以判定内部商品必有异状。

（5）仪器检验。

## 五、处理验收中发现的问题

对于入库验收中发现的货物存在的问题，一定要及时处理，分清各方应承担的责任，否则后患无穷。验收工作中常见的问题及处理方式，如表3-4所示。

表3-4　　　　　　　　　　　验收工作中常见问题处理方式

| 常见问题处理 | 数量溢余 | 数量短少 | 品质不合格 | 包装不合格 | 规格品类不符 | 单证与实物不符 |
|---|---|---|---|---|---|---|
| 通知供货方 | 是 | 是 | 是 | 是 | 是 | 是 |
| 按实数签收 | | 是 | | | | |
| 维修整理 | | | | 是 | | |
| 查询等候处理 | 是 | | | | 是 | 是 |
| 改单签收 | 是 | | | | 是 | 是 |
| 拒绝收货 | 是 | | 是 | 是 | 是 | 是 |
| 退单退货 | 是 | | 是 | 是 | 是 | 是 |

## 【实训要求】

1. 熟练掌握物资验收的方法。
2. 物资验收应注意的问题。
3. 能处理物资验收中出现的异常问题。

## 【实训地点】

校物流实训中心。

## 【实训时间安排】

整个实训过程安排6课时。

## 【实训工具】

笔、入库通知单中的商品、送货单、货物交接单、入库验收单、入库货物异常报告。

**表 3 – 5** 送货单

No. : _____

送货单位： 送货日期： 年 月 日

| 品名 | 规格 | 单位 | 数量 | 单价 | 金额 | 备注 |
|------|------|------|------|------|------|------|
|      |      |      |      |      |      |      |
|      |      |      |      |      |      |      |

送货单位：（盖章） 送货人： 收货单位：（盖章） 收货人：

**表 3 – 6** 货物交接单

| 收货人 | 发站 | 发货人 | 品名 | 标记 | 单位 | 件数 | 重量 | 车号 | 运单号 | 货位 | 合同号 |
|--------|------|--------|------|------|------|------|------|------|--------|------|--------|
|        |      |        |      |      |      |      |      |      |        |      |        |
|        |      |        |      |      |      |      |      |      |        |      |        |

送货人： 接收人： 经办人：

**表 3 – 7** 入库验收单

编号：

| 货物名称 | | 型号/规格 | |
|---|---|---|---|
| 供方 | | | |
| 进货数量 | | | |
| 验证方式 | | | |
| 验证项目 | | 验证结果 | 是否合格 |
| 颜色 | | | |
| 包装 | | | |
| 容量 | | | |
| 数量 | | | |
| 检验结论 | □合格 □不合格 | | |
| 复检记录 | | | |
| 检验主管 | | | |
| 不合格品处置方法 | □拒收 □让步接收 □全检 | 检验员 | 日期 |
| 备注 | | 批准 | 日期 |

表 3 – 8 入库货物异常报告

序号_____ 日期_____

| 货物编号 | 品名 | 规格 | 数量 | 异常情况 |
|---|---|---|---|---|
|  |  |  |  |  |
|  |  |  |  |  |
|  |  |  |  |  |
|  |  |  |  |  |
|  |  |  |  |  |
|  |  |  |  |  |

送货人： 验收人：

【实训步骤】

1. 建立小组；每小组 4～5 人，设组长一名，小组成员分别扮演供货商、承运单位人员、保管员、验收人员。

2. 验收准备；教师准备好整套入库货物的应具备的单证，仓管员准备好验收器具和设备，编制入库单。

3. 核对单证；货物送达后，仓管员对送货员提交的送货单和入库通知单进行核对，确定货物名称、规格、批次、数量和包装等内容是否一致。

4. 检查货物；无异常填写入库验收单。发现异常，根据异常情况填写入库货物异常报告。

5. 清点货物数量；清点货物数量，并与送货单中的数量核对，填写磅码单。

6. 签收单据；货物验收合格后，仓管员与承运人或送货员办理交接手续，共同在送货单、货物交接单上签名和批注。

7. 其他组成员对演练同学给予分析和评价。

8. 由实训教师对实训效果进行总结和评价。

【注意事项】

1. 在模拟训练过程中，学生要严肃认真，按组长分配任务下单，表单填写要准确无误。

2. 对于验货中重要的内容，需要成员之间达成操作共识再进行。

3. 小组成员在演练接货时注意操作细节。

4. 表单产品项目、数据多，填写时必须认真细致，否则极易漏填和错填。

## 【实训评价】

表 3 - 9                               接收订单能力训练评价

| 考评人 | | 被考评人 | |
|---|---|---|---|
| 考评地点 | | | |
| 考评内容 | 入库作业能力 | | |
| | 具体内容 | 分值（分） | 实际得分（分） |
| | 训练工作态度 | 15 | |
| | 表单填写准确、清晰 | 30 | |
| 考评标准 | 凭证审核认真、全面，没有遗漏 | 20 | |
| | 异常情况统计准确 | 15 | |
| | 客户满意 | 10 | |
| | 接货方式合理 | 10 | |
| 合　计 | | 100 | |

注：考评满分为 100 分，60~70 分为及格；71~80 分为中；81~90 分为良好；91 分以上为优秀。

# 任务三 办理入库手续

【任务情景】

江西诚信仓配中心仓管员接到 J 公司 A1 和 A2 两批货物的入库申请。完成入库验收、货物交接等过程，入库员要对这批货物办理入库手续。

【实训目标】

办理入库手续是完成货物入库的最后一个环节。学生通过模拟实训明晰相应单据的填写并掌握立卡、登账、建档等流程的操作，熟悉入库作业整个流程。

【实训相关知识】

一、物资入库步骤

（一）安排货位

安排货位要以安全、方便、节约、合理为原则。物资因自身的自然属性不同而具有不同的特性；货位安排必须适应储存物资的特性；货位安排是方便出入库业务，尽可能缩短收、发货作业时间；以最少的仓容，储存最大限量的物资，提高仓容的使用效能。

（二）搬运

搬运人员把验收场地上经过点验合格的入库物资，按每批入库单开制的数量和相同的品唛集中起来，分批送到预先安排的货位，要进一批、清一批，防止品唛互串和数量滥缺。

分类工作争取得到送货单位的配合，在装车启运前，就做到数量准、批次清。对于批次多和批量小的入库物资，分类工作一般可由保管收货人员在单货核对、清点件数过程中同时进行，也可以将分类工作结合搬运工作一起进行。

搬运过程应力争做到一次连续搬运到位，避免入库物资在搬运途中的停顿和重复劳动，对个别批量大、包装整齐、送货单位又具备机械操作条件的入库物资，争取送货单位的配合，利用托盘实行定额装载，从而提高计数准确率并缩短装卸车时间，加速物资入库。

（三）堆码

物资堆码直接影响着物资保管的安全，清点数量的便利以及仓库容量利用率的提高。

### （四）办理入库手续

验收合格的物资，应及时办理入库手续，建立档案资料以及给货主签收验收单。

1. 立卡：卡又称货卡或存卡，能够直接反映该垛物资品名、型号、规格、数量、单位、进出动态和积存数。

卡片应按入库通知单所列内容逐项填写。物资入库堆码完毕，应尽快建立卡片，一垛一卡。对此卡片的处理方式有以下两种：

（1）由保管员集中保存管理。这种方式优点是专人专责管理，缺点是如果有物资进出业务但该保管员缺勤时就难以及时进行。

（2）填制的货卡直接挂于物资垛位上，挂放位置明显、牢固。这种方法的优点是便于随时实物核对，有利于物资进出业务的及时进行，提高作业效率。

2. 登账：物资入库，仓库应建立实物保管明细账，用于登记物资进出库、结存的详细情况，并为仓库对账提供依据。

（1）登账方式

①按物资的品名、型号、规格、单价和货主等分别建立账户。

②账目采用活页式，按物资的种类和编号顺序排列，账页上注明货位号和档案号以便查对。

③实物账必须严格按照物资的进出库凭证及时登记，填写清楚、准确。

④账页记完后，应将结存数结转新账页，旧账页应保存备查。

⑤记账发生错误时，按"划红线更正法"予以更正。

⑥实物保管要经常核对，保证账、卡、物相符。

⑦登账凭证要妥善保管，装订成册，不得遗失。

（2）记账的规则

①记账必须以正式合法的凭证为依据。

②记账应连续、完整，不得跳行隔页。

③须用黑色或蓝色墨水笔记账，用红色墨水笔冲账或改错划线。

④记账数字书写应占空格的2/3。

3. 建档：建档就是将物资入库作业全过程的有关资料证件进行整理、核对，建立资料档案，以便物资保管和保持客户联系，并为将来可能发生争议时提供凭据，同时也有助于积累仓库管理经验，提高仓管人员的业务素质。

4. 签单：在物资验收入库后，应及时按照仓库物资验收记录的要求签回单据，以便向供货单位和货主表明收到物资的情况。另外，如果出现短少等异常情况，也可作为货主向供货方交涉的依据，所以签单必须准确无误。

### 二、入库凭证流转

物资验收工作由理货员、计量员、复核员和业务受理员分工负责。理货员组织对物资的数量与外观质量的验收、计量、堆码和记录等，并向业务受理员提交物资验收的结果和记录。

（1）业务受理员接收存货人的验货通知（也可由存货人委托仓库开具）、物资资料（如质保书、码单、装箱单、说明书和合格证等），建立物资档案，并将存货人验收通知单作为物资储存保管合同附件的形式进行管理，其信息录入计算机中生成验收通知单。然后将存货人验收通知单作为验收资料、收货单及其他验收资料一并交给理货员。

（2）理货员根据业务受理员提供的收货单、验收资料、计量方式等确定验收方案、储存货位、堆码方式、所需人力和相关设备等，做好验收准备工作。

（3）由理货员开具作业通知单，进行验收入库作业，做好有关记录和标识。

（4）物资验收完毕后，理货员手工出具验收单，一式一联，一并交给复核员，同时负责作业现场与货位的清理和货牌的制作、悬挂。

（5）复核员依据收货单、验收码单对实物的品名、规格、件数和存放货位等逐项核对，签字确认后返回到理货员。

（6）理货员在经复核员签字的收货单、验收码单等诸联加盖"物资验收专用单"后，将验收码单录入到计算机中，据此生成仓单附属码单，根据验收结果填写存货人验收通知和收货单，并与其他验收资料一并转回业务受理员处。

（7）业务受理员在对理货单返回的单据和验收资料审核无误后，由计算机打印仓库附属码单一式两联，依据收货单、验收码单、计算机打印的仓库附属码单第一联和第二联、存货人验收通知以及有关验收资料、记录，报主管领导或授权签字后，连同存货人验收通知、收货单、仓库附属码单第一联和第二联转给收费员。

（8）收费员依据仓单、物资储存保管合同约定的收费标准，结算有关入库费用并出具收费发票。

（9）业务受理员将仓库正联、存货人验收通知、仓单附属码单一联及收费单据等一并转交（寄）给存货人，其余单证资料留存并归档管理。

**【实训要求】**

1. 准确、熟练地掌握办理物资入库的手续。

2. 能正确填写入库单、储位分配单实物保管明细账、货物状态卡、进销存卡。

**【实训地点】**

本班教室。

**【实训时间安排】**

整个实训过程安排 2 课时。

**【实训工具】**

笔、入库通知单、储位分配表、入库单、实物保管明细账、货物状态卡、进销存卡。

**表 3－10**                                           **入库单**

储存位置                       No. _____送货单位        入库日期：年  月  日

| 物资编号 | 品名 | 规格 | 单位 | 送货数量 | 实收数量 | 备注 |
|---|---|---|---|---|---|---|
|  |  |  |  |  |  |  |
|  |  |  |  |  |  |  |

会计：              仓库收货人：              制单：

本单一式三联。

**表 3－11**                                           **货物保管账页**

存放地点_____                                品  名_____
计量单位_____                                型号规格_____

| 年 |  | 凭证 |  | 摘要 | 单价 | 收入数量 | 金额 | 发出数量 | 金额 | 结存数量 | 金额 |
|---|---|---|---|---|---|---|---|---|---|---|---|
| 月 | 日 | 字 | 号 |  |  |  |  |  |  |  |  |
|  |  |  |  |  |  |  |  |  |  |  |  |
|  |  |  |  |  |  |  |  |  |  |  |  |

**表 3－12**                                           **货物状态卡**

| 待 检 | 合 格 | 隔 离 |
|---|---|---|
| 供应商名称_____ | 供应商名称_____ | 供应商名称_____ |
| 图号_____ | 图号_____ | 图号_____ |
| 名称_____ | 名称_____ | 名称_____ |
| 进货日期/批号/<br>生产日期_____ | 进货日期/批号/<br>生产日期_____ | 进货日期/批号/<br>生产日期_____ |
| 标记日期：___年___月___日 | 标记日期：___年___月___日 | 标记日期：___年___月___日 |
| 标记人_____ | 标记人_____ | 标记人_____ |
| 备注 | 备注 | 备注 |

**表 3－13**                                           **进销存卡**

存 卡

品名_____                        规格_____

| 年 |  | 摘要 | 收入数量 | 发出数量 | 结存数量 |
|---|---|---|---|---|---|
| 月 | 日 |  |  |  |  |
|  |  |  |  |  |  |
|  |  |  |  |  |  |
|  |  |  |  |  |  |

**【实训步骤】**

1. 建立小组，每小组 6~8 人，设组长一名，组长到教师处领取整套单证，分发给每位组员。

2. 每小组根据入库通知单，编制入库单。

3. 货物验收合格后，仓管员编制储位分配表。

4. 货物入库之后，每小组编写并完成实物保管明细账。

5. 每小组编写并完成货物状态卡。

6. 每小组根据相应情况填写进销存卡。

7. 其他组成员对演练同学给予分析和评价。

8. 由实训教师对实训效果进行总结和评价。

**【注意事项】**

1. 熟悉每个角色的工作职责，严格按训练程序进行。

2. 严格遵守岗位职责，一丝不苟。

3. 各种交易单据应该填写规范、认真、熟练。

4. 文明操作、注意安全。

5. 要求学生严格按照操作流程进行，忠实于原始凭证。工作要认真、仔细和准确。

**【实训评价】**

表 3-14　　　　　　　　　办理入库手续能力训练评价

| 考评人 | | 被考评人 | |
|---|---|---|---|
| 考评地点 | | | |
| 考评内容 | | 办理入库手续能力 | |
| 考评标准 | 具体内容 | 分值（分） | 实际得分（分） |
| | 训练工作态度 | 15 | |
| | 表单填写准确、清晰 | 20 | |
| | 入库单汇总无误 | 30 | |
| | 货物保管账填写无误 | 20 | |
| | 立卡、建档流程准确 | 10 | |
| | 流程所需时间 | 5 | |
| 合　计 | | 100 | |

注：考评满分为 100 分，60~70 分为及格；71~80 分为中；81~90 分为良好；91 分以上为优秀。

# 项目四　在库作业实训

# 任务一 就地堆码物资

【任务情景】

江西省诚信仓配中心保鲜仓库工作人员接到通知，需对验收合格的某水果商人的 50 吨苹果、80 吨橘子、30 吨脐橙进行入库堆码。

【实训目标】

学生通过此环节的实训，熟悉仓储中货物堆码的原则与要求，掌握货物堆码的方法，结合具体行业的实际情况，掌握现实作业中几种常见的堆码垛形及其适用条件，熟悉常见货物的堆垛形式和要求等。

【实训相关知识】

堆码又称为堆垛，就是根据商品的包装形状、重量和性能特点，结合地面负荷、储存时间，将商品分别堆码成各种垛形，适合大批量、单一品种的货物。

## 一、货物堆码的原则

（1）面向通道，重下轻上。

（2）尽可能向高处码放。

（3）同一品种在同一地方保管，根据出库频率选定位置。

（4）便于识别、点数。

（5）依据包装形状、重量和性能特点安排堆码方法。

## 二、码垛的基本要求

1. 合理

垛形必须适合商品的性能特点，不同品种、型号、规格、牌号、等级、批次、产地、单价的商品，均应该分开堆垛，以便合理保管，并合理确定堆垛之间的距离和走道的宽度，以便装、卸搬运和检查。垛距一般为 0.5~0.8 米，主要通道为 2.5~4 米。

2. 牢固

货垛必须不偏不斜，不歪不倒，不压坏底层的商品和地坪，与屋顶、梁柱、照明灯、墙壁保持一定距离，确保堆垛牢固安全。垛与屋顶之间的距离不小于 0.5 米；垛与库房立柱之间的距离不小于 0.2 米；垛与照明灯具之间的距离不小于 0.5 米；垛与外墙之间的距离不小于 0.5 米（与内墙不小于 0.3 米）。

### 3. 定量

每行每层的数量力求成整数，过秤商品不成整数时，每层应该明显分隔，标明重量，以便于清点发货。

### 4. 整齐

垛形有一定的规格，各个垛排列整齐有序，包装标志一律朝外。

### 5. 节约

堆垛时考虑节省货位，提高仓库利用率。

## 三、货物堆码基本方式

### 1. 重叠式堆码

重叠式堆码（如图4-1所示）是各层排列方式完全相同，稳定性较差，作业效率高。适合占地面积大、较硬的板型货物及扁平箱装物。

**图4-1　重叠式堆码**

### 2. 纵横交错式堆码

纵横交错式堆码（如图4-2所示）是奇数层的货物与偶数层的货物成90度，交叉堆码，稳定性好。适合长短一致的管材、棒材及狭长的箱装货物或长短一致的规则扁平包装的货物。

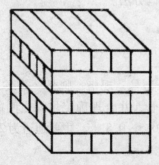

**图4-2　纵横交错式堆码**

### 3. 仰伏相间式堆码

仰伏相间式堆码（如图4-3所示）是对上下两面有大小差别或凹凸的物品，如槽钢、钢轨等，将物品仰放一层，在反一面伏放一层，仰伏相向相扣。

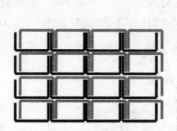

图 4 – 3  仰伏相间式堆码

### 4. 压缝式堆码

压缝式堆码（如图 4 – 4 所示）是应用最多的一种堆码形式，适合正方体和长方体、较高箱装或桶状货物。例如：线材、卷板、卷纸及桶装货物。

图 4 – 4  压缝式堆码

### 5. 宝塔式堆码

宝塔式堆码（如图 4 – 5 所示）是在四件货物中心堆码，逐层缩小。适用于体积大的货物，多用于外贸货场、大型港口。

图 4 – 5  宝塔式堆码

### 6. 通风式堆码

采用通风式堆垛（如图 4 – 6 所示）时，每件相邻的货物之间都留有空隙，以便通风防潮、散湿散热。这种方式一般适合箱装、桶装以及裸装货物。

图 4 – 6  通风式堆码

### 7. 栽柱式堆码

栽柱式堆码（如图4-7所示）是在货垛两旁，各栽2~3根木柱或钢管，将货物平铺在柱中，每层或每隔几层在两侧对应的柱子上用铁丝拉紧。多用于露天货场，适合细长货物，如钢管、木材等。

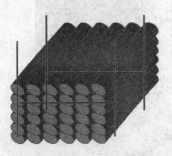

图4-7　栽柱式堆码

### 8. 衬垫式堆码

衬垫式堆码（如图4-8所示）是在重叠式堆码的基础上，在每隔1或2层之间夹进衬垫（如木板或薄钢板），利用衬垫来牵制本层商品，以增强货垛的稳固性，使货物能一层层稳定堆垛，适合于较大体积的裸装机器设备。

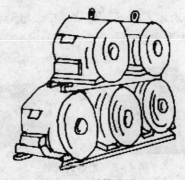

图4-8　衬垫式堆码

【实训要求】

1. 要求学生一丝不苟地进行练习。

2. 学生分别用重叠式堆码法、纵横交错式堆码法、仰伏相间式堆码法、压缝式堆码法、宝塔式堆码法、通风式堆码法、栽柱式堆码法及衬垫式堆码法八种方式练习商品堆码。

3. 学生堆码过程中严格按照合理、牢固、定量、整齐、节省、方便的堆码的基本要求进行堆码。

4. 学生堆码过程中注意货垛"五距"的要求。

**【实训地点】**

校物流实训中心。

**【实训时间安排】**

整个实训过程安排 4 课时。

**【实训工具】**

50cm×12cm×36cm 包装箱 30 只、57cm×38cm×22cm 包装箱 30 只、57cm×31cm×20cm 包装箱 30 只、53cm×47cm×34cm 包装箱 30 只、68cm×40cm×30cm 包装箱 30 只、46cm×29cm×37cm 包装箱 30 只。

**【实训步骤】**

1. 建立小组，每小组 6~8 人，设组长一名。

2. 教师介绍重叠式堆码法、纵横交错式堆码法、仰伏相间式堆码法、压缝式堆码法、宝塔式堆码法、通风式堆码法、栽柱式堆码法及衬垫式堆码法八种商品堆码方式的要点和注意事项。

3. 教师演示重叠式堆码法、纵横交错式堆码法、仰伏相间式堆码法、压缝式堆码法、宝塔式堆码法、通风式堆码法、栽柱式堆码法及衬垫式堆码法八种商品堆码方式。

4. 分小组练习用重叠式堆码法、纵横交错式堆码法、仰伏相间式堆码法、压缝式堆码法、宝塔式堆码法、通风式堆码法、栽柱式堆码法及衬垫式堆码法八种商品堆码。

5. 由实训教师对实训效果进行总结和评价。

**【注意事项】**

1. 应根据不同品种产品的特性找到适用的方式堆垛。

2. 堆垛时应严格遵守堆垛原则。

3. 注意遵守"五距"的要求。

4. 遵守纪律，注意安全。

**【实训评价】**

表 4-1　　　　　　　　　　商品堆码能力训练评价

| 考评人 | | 被考评人 | | |
|---|---|---|---|---|
| 考评地点 | | | | |
| 考评内容 | 商品堆码能力 | | | |
| 考评标准 | 具体内容 | | 分值（分） | 实际得分（分） |
| | 商品堆码知识掌握 | | 20 | |
| | 商品码放正确、合理 | | 50 | |
| | 安全可靠的工作过程 | | 20 | |
| | 商品堆码体会 | | 10 | |
| 合　计 | | | 100 | |

注：考评满分为 100 分，60~70 分为及格；71~80 分为中；81~90 分为良好；91 分以上为优秀。

# 任务二　托盘堆码物资

【任务情景】

江西省诚信仓配中心新入库了一批货物，该批货物需存放于托盘货架上，理货员对该批货物按照一定的方法进行托盘堆码。

【实训目标】

学生通过此环节的实训，了解货物托盘的特点、种类和标准；了解集装单元化对于提高物流系统效率的作用；掌握货物托盘堆码的方法。

【实训相关知识】

托盘是最基本的物流器具，有人称其为"活动的平台""可移动的地面"。它是静态货物转变成动态货物的载体，是装卸搬运、仓储保管以及运输过程中均可利用的工具，与叉车配合利用，可以大幅度提高装卸搬运效率；用托盘堆码货物，可以大幅度增加仓库利用率；托盘一贯化运输，可以大幅度降低成本。托盘的利用最初始于装卸搬运领域，现在，托盘单元化包装、托盘单元化保管、托盘单元化装卸搬运、托盘单元化运输处处可见，在整个物流系统活动中，托盘发挥了巨大的作用。

一、托盘的类型

1. 平托盘

提到托盘，一般都是指平托盘，因为平托盘使用范围广，使用数量大，通用性好。平托盘又可细分为三种类型。

（1）根据台面分类

分为单面形、单面使用型、双面使用型和翼型四种类型。

（2）根据叉车叉入方式分类

分为单向叉入型、双向叉入型、四向叉入型三种类型。

（3）根据材料分类

分为木制平托盘（如图 4－9 所示）、钢制平托盘（如图 4－10 所示）、塑料制平托盘（如图 4－11 所示）、复合材料平托盘以及纸制托盘（如图 4－12 所示）五种类型。据中国物流与采购联合会托盘专业委员会，2011 年对国内多家托盘生产企业、托盘使用及销售企业进行初步调查的结果显示，目前中国拥有的各种类型托盘总数约为 16000 万~20000 万片，每年产量递增 2000 万片左右。其中木制平托盘占 85%、塑料平托盘占 12%、钢制托盘、复合材料托盘以及纸制托盘合计占 3%，复合材料平托盘和塑料托盘所占比例上升空间较大。

图4-9　木制托盘　　　　　图4-10　金属托盘

图4-11　塑料托盘　　　　　图4-12　纸制托盘

**2. 柱式托盘**

柱式托盘（如图4-13所示）分为固定式和可卸式两种，其基本结构是托盘的四个角有钢制立柱，柱子上端可用横梁连结，形成框架型。柱式托盘的主要作用，一是利用立柱支撑重量物，往高叠放；二是防止托盘上放置的货物在运输和装卸过程中发生塌垛现象。

图4-13　柱式托盘

**3. 箱式托盘**

箱式托盘（如图4-14所示）是四面有侧板的托盘，有的箱体上有顶板，有的没有顶板。箱板有固定式、折叠式、可卸下式三种。四周栏板有板式、栅式和网式，因此，四周栏板为栅栏式的箱式托盘也称笼式托盘或仓库笼。箱式托盘防护能力强，可防止塌垛和货损；可装载异型不能稳定堆码的货物，应用范围广。

图4-14　箱式托盘

### 4. 轮式托盘

轮式托盘（如图 4 – 15 所示）与柱式托盘和箱式托盘相比，多了下部的小型轮子。因而，轮式托盘具有能短距离移动、自行搬运或滚上滚下式的装卸等优势，用途广泛，适用性强。

图 4 – 15　轮式托盘

### 5. 特种专用托盘

由于托盘作业效率高、安全稳定，尤其在一些要求快速作业的场合，突出利用托盘的重要性，所以各国纷纷研制了多种专用托盘，这里仅举几个例子。

（1）平板玻璃集装托盘

也称平板玻璃集装架，分许多种类。有 L 型单面装放平板玻璃单面进叉式（如图 4 – 16 所示），有 A 型双面装放平板玻璃双向进叉式（如图 4 – 17 所示），还有吊叉结合式和框架式等。运输过程中托盘起支撑和固定作用，平板玻璃一般都立放在托盘上，并且玻璃还要顺着车辆的前进方向，以保持托盘和玻璃的稳固。

图 4 – 16　L 型单面平板玻璃集装托盘

图 4 – 17　A 型双面平板玻璃集装托盘

（2）轮胎专用托盘

轮胎的特点是耐水、耐蚀，但怕挤、怕压，轮胎专用托盘较好地解决了这个矛盾。利用轮胎专用托盘，可多层码放，不挤不压，大大地提高装卸和储存效率（如图4－18所示）。

**图4－18　轮胎专用托盘**

（3）长尺寸物托盘

这是一种专门用来码放长尺寸物品的托盘，有的呈多层结构。物品堆码后，就形成了长尺寸货架。

（4）油桶专用托盘

是专门存放、装运标准油桶的异型平托盘（如图4－19所示）。双面均有波形沟槽或侧板，可以稳定油桶，防止滚落。优点是可多层堆码，提高仓储和运输能力。

**图4－19　油桶专用托盘**

## 二、托盘堆码方式

箱形货物的托盘堆码一般有4种方式，即简单重叠式，正反交错式，纵横交错式和旋转交错式堆码。

### 1. 简单重叠式

重叠式（如图4－20所示）即各层码放方式相同，上下对应。箱与箱的交接应为正面与正面衔接，侧面与侧面衔接，箱与箱之间不留空隙，层与层之间的货物箱平行，货物箱的四个角边重叠，方向相同。这种方式的优点是，工人操作速度快，包装货物的四个角和边重叠垂直，承载能力大。缺点是各层之间缺少咬合作用，容易发生塌垛。

在货物重心低、面积较大的情况下，采用这种方式具有足够的稳定性，如果再配上相应的紧固方式，则不但能保持稳定，还可以保留装卸操作省力的优点。此方法适用于自动堆码。

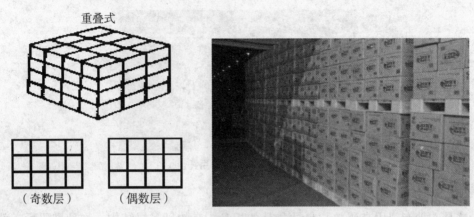

图 4 - 20 简单重叠式

### 2. 正反交错式（砖砌体式）

正反交错式（如图 4 - 21 所示）即同一层种，不同列的货物以 90 度垂直码放，相邻两层的货物码放形式是另一层旋转 180 度的形式。这种方式类似于建筑上的砌砖方式，不同层间咬合强度较高，相邻层之间不重缝，因而码放后稳定性较高，但操作较为麻烦，且包装体之间不是垂直面相互承受载荷，所以下部货物容易压坏。此方法适用于码放轻质货物。

### 3. 纵横交错式

纵横交错式（如图 4 - 22 所示）是相邻两层货物的摆放旋转 90 度，一层横向放置，另一层纵向放置。每层间有一定的咬合效果，但咬合强度不高。此方法适用于正方形堆码和自动堆码。

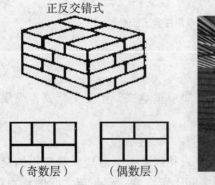

图 4 - 21 正反交错式

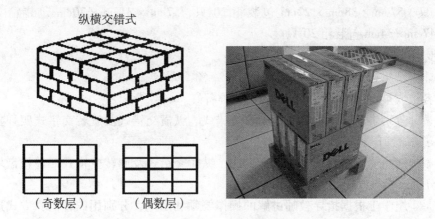

图 4-22 纵横交错式

### 4. 旋转交错式（中心留空交错式）

旋转交错式（如图 4-23 所示）是第一层相邻的两个包装体互为 90 度，两层间码放又相差 180 度，这样相邻两层之间互相咬合交叉，货体的稳定性较高，不易塌垛。其缺点是码放的难度较大且中间形成空穴，降低了托盘的利用效率。

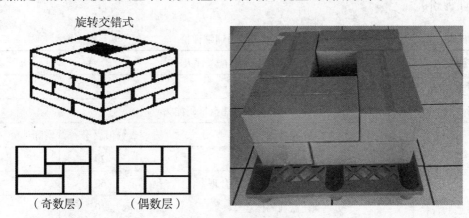

图 4-23 旋转交错式

【实训要求】

1. 要求学生一丝不苟地进行练习。

2. 学生分别用简单重叠式、正反交错式、纵横交错式及旋转交错式四种方式练习托盘堆码。

【实训地点】

校物流实训中心。

【实训时间安排】

整个实训过程安排 2 课时。

【实训工具】

106cm×128cm 塑料托盘 6 个、70cm×70cm 木制托盘 6 个、50cm×12cm×36cm 包

装箱 20 只、57cm × 38cm × 22cm 包装箱 20 只、57cm × 31cm × 20cm 包装箱 20 只、53cm × 47cm × 34cm 包装箱 20 只。

【实训步骤】

1. 建立小组，每小组 6~8 人，设组长一名。

2. 各组成员将训练所用的托盘及纸箱准备好。

3. 教师分别讲解简单重叠式、正反交错式、纵横交错式及旋转交错式四种托盘装盘码垛方式的操作要领。

4. 教师演示简单重叠式、正反交错式、纵横交错式及旋转交错式四种托盘堆码方式，并分析该码垛方式的优缺点。

5. 每小组学生根据指导教师讲解的操作要领和示范，分别用四种码垛方式进行操作训练。

6. 由实训教师对实训效果进行总结和评价。

【注意事项】

1. 商品码放时注意安全。

2. 应根据货物性质及包装特点选用合适的托盘堆码方式。

【实训评价】

表 4 - 2 　　　　　　　　　　托盘堆码能力训练评价

| 考评人 | | 被考评人 | | |
|---|---|---|---|---|
| 考评地点 | | | | |
| 考评内容 | 托盘堆码能力 | | | |
| 考评标准 | 具体内容 | | 分值（分） | 实际得分（分） |
| | 托盘堆码知识掌握 | | 20 | |
| | 托盘上商品码放正确、合理 | | 60 | |
| | 托盘堆码体会 | | 20 | |
| 合　计 | | | 100 | |

注：考评满分为 100 分，60~70 分为及格；71~80 分为中；81~90 分为良好；91 分以上为优秀。

# 任务三　入库物资苫垫

**【任务情景】**

　　江西省诚信仓配中心有一批货物堆放在露天库场中，为了避免货物受潮及遭受日晒雨淋，仓库主管要求员工对这批货物进行垫垛和苫盖。

**【实训目标】**

　　通过实训，让学生掌握堆码苫垫的基本方法，掌握苫垫作业的操作要领、基本技能和作业细节，并且针对不同货物货垛使用适合的材料进行科学合理的苫垫。

**【实训相关知识】**

　　物资的苫垫是指用某种材料对货垛进行苫盖和铺垫的操作方法。物品在储存保管中进行合理的上盖和下垫，是保护物品质量的必要措施。

## 一、物品的苫盖

　　苫盖（如图 4 - 24 所示）是指采用专用苫盖材料对货垛进行遮盖，以减少自然环境中的阳光、雨雪、刮风、尘土等对货物的侵蚀、损害，并使货物由于自身理化性质所造成的自然损耗尽可能地减少，保护货物在储存期间的质量。

**图 4 - 24　物品的苫盖**

　　1. 苫盖的要求

　　（1）选择合适的苫盖材料。选用符合防火、无害的安全苫盖材料，保证苫盖材料本身不会对物品发生不良反应，从成本上考虑苫盖材料与物品的性价比是否恰当，苫盖物是否适合当地气候。

　　（2）苫盖牢固，特别是露天库场存放的物品。每张苫盖材料都需要牢固地固定，必要时在苫盖外用绳索、绳网绑扎或者采用重物压牢，确保刮风安全性。

（3）苫盖的接口要紧密。接口要有一定深度的互相叠盖，不能留迎风接口或留空隙。苫盖必须拉挺、平整，不得有折叠和凹陷，防止积水。

（4）苫盖的底部与垫垛平齐，不腾空或拖地。

（5）使用旧的苫盖物或雨水丰沛季节时，垛顶或者风口需要加层苫盖，确保雨淋不透。

2. 苫盖方法

（1）就垛苫盖法。直接将大面积苫盖材料覆盖在货垛上遮盖（如图 4 - 25 所示）。适用于起脊垛或大件包装物品。一般采用大面积的帆布、油布、塑料膜等。就垛苫盖适合于对通风要求不高的物品，要注意地面干燥。

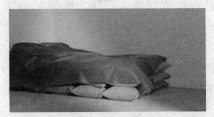

图 4 - 25　就垛苫盖法

（2）鱼鳞式苫盖法。将苫盖材料从货垛的底部开始，自下而上呈鱼鳞式逐层交叠围盖（如图 4 - 26 所示）。该法一般采用面积较小的席、瓦等材料苫盖。鱼鳞式苫盖法具有较好的通风条件，但每件苫盖材料都需要固定，操作比较烦琐复杂。

图 4 - 26　鱼鳞式苫盖

（3）固定棚架苫盖法。这是用预制的苫盖骨架与苫叶合装而成的简易棚架，但不需基础工程，可随时拆卸和人力移动（如图 4 - 27 所示）。

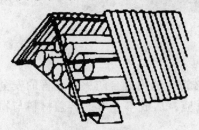

图 4 - 27　固定棚架苫盖法

（4）活动棚架苫盖法。与固定棚架不同的是，活动棚架四周及顶部铺围苫盖物，在棚柱底部装上滚轮，整个棚架可沿固定轨道移动（如图4-28所示）。棚苫盖法较为快捷，具有良好的通风条件，但棚本身需要占用仓库位置，也需要较高的购置成本。

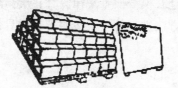

图4-28　活动棚架苫盖法

（5）隔离苫盖法。此方法与简易苫盖法的区别在于苫盖物不直接摆放在货垛上，而是采用隔离物使苫盖物和货垛间有一定间隙（如图4-29所示）。

图4-29　隔离苫盖法

## 二、物品的垫垛

垫垛是指在物品码垛前，在预定的货位地面位置，使用衬垫材料进行铺垫。

1. 垫垛的要求

所使用的衬垫物必须保证与拟存货物不会发生不良影响，衬垫物要摆放平正，并保持同一方向间距适当；直接接触货物的衬垫面积与货垛底面积相同，衬垫物不超出货垛外；衬垫物要有足够的高度，露天堆场要达到0.3m~0.5m，库房内0.2m即可。

2. 衬垫材料

常见的衬垫物有枕木、钢板、木板、货板、石墩、垫石、水泥板、防潮纸等（如图4-30所示）。

（a）枕木　　　　（b）防潮纸　　　　（c）木板　　　　（d）水泥板

图4-30　衬垫材料

**【实训要求】**

1. 服从教师安排。

2. 爱护实训中心设施，文明操作。

3. 遵守实训中心规章制度，保持课堂纪律，禁止大声喧哗。

4. 学生按照老师介绍的方法进行苫垫，按照苫垫的具体要求操作。

**【实训地点】**

校物流实训中心。

**【实训时间安排】**

整个实训过程安排2课时。

**【实训工具】**

包装箱若干、托盘、帆布、席子、绳索。

**【实训步骤】**

1. 学生5人一组，并选出一名组长。

2. 教师演示不同的垛型的苫盖方法及操作要领，包括就垛苫盖法、鱼鳞式苫盖方法等。

3. 学生根据教师的下达的指令，在规定的时间内将规定的货垛选取合适的材料进行苫盖。

4. 学生在苫盖过程中符合苫盖牢固、接口紧密、底部与垫垛平齐不远离或拖地等要求。

5. 学生分组比赛，由教师进行评分。

6. 实训结束后，学生对实训进行总结，写出实训报告。

**【注意事项】**

1. 商品苫垫时注意安全。

2. 应根据货物性质及包装特点选用合适的苫垫方式。

**【实训评价】**

表4-3　　　　　　　　　　　　物资苫垫能力训练评价

| 考评人 | | 被考评人 | | |
|---|---|---|---|---|
| 考评地点 | | | | |
| 考评内容 | 物资苫垫能力 | | | |
| 考评标准 | 具体内容 | | 分值（分） | 实际得分（分） |
| | 物资苫垫知识掌握 | | 20 | |
| | 商品苫垫材料选择正确 | | 30 | |
| | 商品苫垫正确、合理 | | 50 | |
| | 合　计 | | 100 | |

注：考评满分为100分，60~70分为及格；71~80分为中；81~90分为良好；91分以上为优秀。

# 任务四　管理库房温湿度

**【任务情景】**

江西省诚信仓配中心的仓库管理规定,仓库人员要每天对库内温湿度状况进行测量,以便根据所存储的物资对温度湿度的要求,决定是否需要调整仓库内的温度和湿度。

**【实训目标】**

通过实训让学生掌握干湿球温湿度计的使用方法,掌握温湿度记录表的填写方法,熟悉常见商品的温湿度调节方法,熟悉部分商品的安全温度和湿度。

**【实训相关知识】**

温湿度相关知识如下:

商品在储存期间发生的霉变、锈蚀、溶化、虫蛀、挥发等变化,几乎都与空气温湿度有密切关系。仓储商品保管的中心环节就是控制好仓库的温湿度。由于商品的性质不同,其所适应的温湿度也不同。仓库温湿度的变化对储存商品的质量安全影响很大,而仓库温湿度往往又受自然气候变化的影响,这就需要仓库管理人员正确地控制和调节仓库温湿度,以确保储存商品的安全。

1. 空气温度

空气温度是指空气的冷热程度,一般而言,距地面越近气温越高,距地面越远气温越低。仓库温度的控制既要注意库内外温度的控制,也要注意物品本身温度。在存储空间日常温度管理中,多用摄氏度表示,凡零度以下度数,在度数前加一个负号,即表示零下多少摄氏度。

2. 空气湿度

大气的湿度可以用绝对湿度、相对湿度和饱和湿度来表示。

(1)绝对湿度是指单位容积的空气里实际所含的水汽量,一般以克为单位。温度对绝对湿度有着直接影响。一般情况下,温度越高,水汽蒸发得越多,绝对湿度就越大;相反,绝对湿度就小。

(2)相对湿度是指空气中实际含有的水蒸气量(绝对湿度)距离饱和状态(饱和湿度)程度的百分比。即,在一定温度下,绝对湿度占饱和湿度的百分比数。相对湿度越大,表示空气越潮湿;相对湿度越小,表示空气越干燥。

(3)饱和湿度表示在一定温度下,单位容积空气中所能容纳的水汽量的最大限度。如果超过这个限度,多余的水蒸气就会凝结,变成水滴。

3. 仓库温湿度控制盒调节方法

（1）密封是指把商品尽可能严密封闭起来，减少外界不良气候条件的影响，以达到安全保管的目的。采用密封方法，要和通风、吸潮结合运用，如运用适当，可以收到防潮、防霉、防热、防溶化、防干裂、防冻、防锈蚀、防虫等多方面的效果。密封方法有以下几种。

①整库密封适合于储存量大、进出不频繁或整进整出的商品（如图 4 – 31 所示）。

图 4 – 31　冷藏库整库密封

②整垛密封适合于临时存放的、怕潮易霉或易干裂的商品（如图 4 – 32 所示）。

图 4 – 32　整垛密封

③整柜密封对出入库频繁、零星而又怕潮易霉、易干裂、易生虫、易锈蚀的商品，可采用整柜密封法。

④整件密封主要是将商品的包装严密地进行封闭，一般适于数量少、体积小的易霉、易锈蚀商品（如图 4 – 33 所示）。

图 4 – 33　整件密封

（2）通风是利用库内外空气温度不同而形成的气压差，使库内外空气形成对流，来达到调节库内温湿度的目的。库内外温度差距越大，空气流动就越快；若库外有风，借风的压力可以加速库内外空气的对流，但风力也不能过大，因风力超过 5 级，灰尘较多。正确地进行通风，不仅可以调节库内的温湿度，还能及时散发商品及包装物的多余水分。按通风的目的不同，可分为利用通风降温（或增温）和利用通风散潮两种。

通风的方法有自然通风和机械通风。

自然通风（如图 4 – 34 所示）一般是在温室顶部或侧墙设置窗户，依靠热压或风压进行通风，并可调节开窗的幅度来调节通风量。

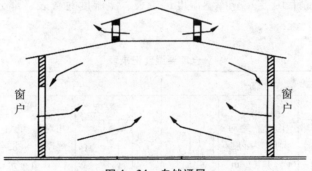

图 4 – 34　自然通风

机械通风（如图 4 – 35 所示）就是在库房上部装设出风扇，在库房下部装置进风扇，利用机械进行通风，以加速库房内外的空气交换。

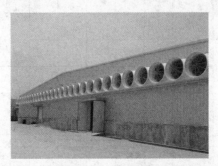

图 4 – 35　机械通风

（3）吸潮指在阴雨天气或雨季，库内外湿度都比较大，不易通风时，在库房密封条件下利用机械或吸潮剂来降低库内的湿度。机械降湿是使用去湿机的蒸发器而凝成水滴排出，把冷却干燥的空气送入库内，如此不断循环，排除水分，促使库内降湿。吸潮剂具有较强的吸潮性，能迅速吸收库内空气的水分，进而降低相对湿度。吸潮剂有吸附剂和吸收剂。吸附剂是能有效地从气体或液体中吸附其中某些成分的固体物质，常用的吸附剂有：硅胶、活性氧化铝、活性炭等。吸收剂主要是吸收水分，常用生石灰和无水氯化钙等。

【实训要求】

1. 要求学生一丝不苟地进行练习。

2. 在使用温湿度计的过程中严格遵守使用方法进行测量。

3. 学会《温湿度对查表》的查询方法。

4. 学生分组，各小组选出一名组长，组长负责将测量结果向老师报告。

【实训地点】

校物流实训中心。

【实训时间安排】

整个实训过程安排1课时。

【实训工具】

干湿球温湿度计10支、仓库温湿度记录表、温湿度对查表、部分商品的安全温度与湿度查询表。

表4－4　　　　　　　　　　　　仓库温湿度记录表

| 日期 | 上午 | | | | | | | 下午 | | | | | | | 备注 |
|---|---|---|---|---|---|---|---|---|---|---|---|---|---|---|---|
| | 记录时间 | 温度 | | 相对湿度（%） | 绝对湿度/（g/m³） | 调节措施 | 调整效果 | 记录时间 | 温度 | | 相对湿度（%） | 绝对湿度/（g/m³） | 调节措施 | 调整效果 | |
| | | 干球/℃ | 湿球/℃ | | | | | | 干球/℃ | 湿球/℃ | | | | | |
| 1 | | | | | | | | | | | | | | | |
| 2 | | | | | | | | | | | | | | | |
| 3 | | | | | | | | | | | | | | | |
| 4 | | | | | | | | | | | | | | | |
| 5 | | | | | | | | | | | | | | | |
| 6 | | | | | | | | | | | | | | | |
| 7 | | | | | | | | | | | | | | | |
| 8 | | | | | | | | | | | | | | | |

| 日期 | 上午 | | | | | | | 下午 | | | | | | | 备注 |
|---|---|---|---|---|---|---|---|---|---|---|---|---|---|---|---|
| | 记录时间 | 温度 | | 相对湿度/（%） | 绝对湿度/（g/m³） | 调节措施 | 调整效果 | 记录时间 | 温度 | | 相对湿度/（%） | 绝对湿度/（g/m³） | 调节措施 | 调整效果 | |
| | | 干球/℃ | 湿球/℃ | | | | | | 干球/℃ | 湿球/℃ | | | | | |
| 9 | | | | | | | | | | | | | | | |
| 10 | | | | | | | | | | | | | | | |
| 11 | | | | | | | | | | | | | | | |
| 12 | | | | | | | | | | | | | | | |
| 13 | | | | | | | | | | | | | | | |
| 14 | | | | | | | | | | | | | | | |
| 15 | | | | | | | | | | | | | | | |
| 16 | | | | | | | | | | | | | | | |
| 17 | | | | | | | | | | | | | | | |
| 18 | | | | | | | | | | | | | | | |
| 19 | | | | | | | | | | | | | | | |
| 20 | | | | | | | | | | | | | | | |

**表 4-5　　　　　　　　　部分商品的安全温度与湿度**

| 商品名称 | 安全温度/℃ | 安全相对湿度（%） | 商品名称 | 安全温度/℃ | 安全相对湿度（%） |
|---|---|---|---|---|---|
| 麻织品 | 25 | 55～65 | 火柴 | 30 以下 | 75 以下 |
| 丝织品 | 20 | 55～65 | 肥皂 | -5～30 | 75 以下 |
| 毛织品 | 20 | 55～65 | 洗衣粉 | 35 以下 | 75 以下 |
| 皮革制品 | 5～15 | 60～75 | 牙膏 | -5～30 | 80 以下 |
| 皮鞋 | 30 | 50～75 | 人造革 | -10～20 | 75 以下 |
| 橡胶制品 | 25 以下 | 80 以下 | 干电池 | -5～25 | 80 以下 |
| 金属制品 | 35 以下 | 75 以下 | 打字蜡纸 | -10～25 | 75 以下 |
| 竹木制品 | 30 以下 | 60～75 | 纸制品 | 35 以下 | 75 以下 |
| 塑料制品 | -5～25 | 80 以下 | 卷烟 | 25 以下 | 55～70 |
| 琉璃制品 | 35 以下 | 80 以下 | 食糖 | 30 以下 | 70 以下 |

**【实训步骤】**

1. 学生 5 人一组，并选出一名组长。

2. 教师讲解并演示干湿球温度计的使用方法及注意事项。

3. 学生分组练习，分别测量库内和库外温度。

4. 分别记录库内和库外测量的干球温度和湿球温度，根据《温湿度对查表》查询出相对湿度和绝对湿度。

5. 根据测量和查询结果填写仓库温湿度记录表。

6. 根据测量的温度与湿度，结合表 4 - 5，讨论学校实训仓库有哪些物品适合存储。

**【注意事项】**

1. 严格按照干湿球温度计使用方法进行使用。

2. 在观察温湿度计时，不要用手过于接近温湿度计的球部，更不能触及其表面，以免影响精确度。

3. 在观察温湿度计时，视线与水银柱的顶端应保持同一高度。

**【实训评价】**

表 4 - 6                 温湿度管理能力评价

| 考评人 | | 被考评人 | | |
|---|---|---|---|---|
| 考评地点 | | | | |
| 考评内容 | 温湿度管理 | | | |
| 考评标准 | 具体内容 | | 分值（分） | 实际得分（分） |
| | 正确读出干球和湿球的温度 | | 40 | |
| | 正确读出相对湿度，查出绝对湿度 | | 30 | |
| | 正确填写温湿度记录表 | | 30 | |
| | 合　计 | | 100 | |

注：考评满分为 100 分，60 ~ 70 分为及格；71 ~ 80 分为中；81 ~ 90 分为良好；91 分以上为优秀。

# 任务五　盘点库存货物

**【任务情景】**

江西省诚信仓配中心组织人员到仓库进行盘点，要求对库存商品进行盘点检查，核对现有存货与账目记载数量是否一致，查明各项物品的可用程度，记录不良品、呆滞品。

**【实训目标】**

学生通过本环节的实训，能了解和掌握如何进行货物盘点作业。

**【实训相关知识】**

## 一、货物盘点

盘点是指定期或临时对库存货物的实际数量进行清查、清点。为了掌握货物的入库、在库、出库的流动状况，核对仓库现有物品的实际数量与保管账上记录的数量，以便准确地掌握库存数量。

## 二、盘点内容

### 1. 查数量

通过点数计数查明货物在库的实际数量，核对库存账面资料与实际库存数量是否一致。

### 2. 查质量

检查在库货物质量有无变化，有无超过保质期，有无长期积压等现象，必要时还必须对货物进行技术检验。

### 3. 查保管条件

检查保管条件是否与各种货物的保管要求相符合。

### 4. 查安全

检查各种安全措施和消防器材是否符合安全要求，建筑物和设备是否处于安全状态。

## 三、盘点后工作

### 1. 填写盘点表

根据盘点结果填写盘点表，如有货物损溢、变质、残损，还应填写货物损溢表、货物残损变质报告表。

2. 核账

将盘点记录表上的实盘数据与账目、进销存卡核对。

3. 分送

将盘点表分送财务、业务及统计部门。

4. 调账

根据审批后的盘点表调整实物账、进销存卡。

### 四、盘点差异分析

如果发生盘盈盘亏，一般可能是以下一些原因导致：

（1）盘点计数错误，发生漏盘、重盘和错盘。

（2）由于保管不善或工作人员失误造成物资的短缺、损毁、霉烂、变质。

（3）度量衡器欠准确或使用方法错误产生数量差异。

（4）自然损耗造成物资数量差异，应考虑盈亏数量是否在定额损耗范围内。

（5）记账错误、原始单据丢失或登账不及时产生的数量差异。

（6）由于贪污、盗窃、丢失等造成的物资损失。

（7）因物资包装而产生的差错。

### 五、盘点结果处理

1. 盘盈处理

查明原因后，应在盘点表中分别标明盘盈的物资名称、规格、数量、单价、金额及原因，报批后入账。

2. 盘亏处理

查明原因后，应予以迅速处理，办理调整物资账、卡手续，提出预防措施，防止再次发生。

3. 价格差异处理

物资盘点时，有时会产生价格上的增减，这些差异经主管部门审核后，需用物资盘点盈亏及价格增减更正表修改。

【实训要求】

1. 服从教师安排。

2. 爱护实训中心设施，文明操作。

3. 遵守实训中心规章制度，保持课堂纪律，禁止大声喧哗。

4. 操作人员严格按照盘点的步骤操作，制单员根据盘点结果认真填写盘点单。

【实训地点】

校物流实训中心。

【实训时间安排】

整个实训过程安排 2 课时。

**【实训工具】**

货物若干、笔、盘点记录表、商品溢缺表。

表 4 – 7 　　　　　　　　　　　　盘点记录表

盘点日期：

| 序号 | 物资编号 | 品名 | 规格 | 单位 | 初盘数量 | 复盘数量 | 确认数量 | 备注 |
|---|---|---|---|---|---|---|---|---|
| | | | | | | | | |
| | | | | | | | | |
| | | | | | | | | |
| | | | | | | | | |

初盘员签名：　　　　　　　　　　　　　　复盘员签名：

表 4 – 8 　　　　　　　　　　　　货物溢缺折损一览表

年度＿＿＿＿＿＿月份＿＿＿＿＿＿

| 货号 | 名称 | 单价 | 上期结存数量 | 本期结存数量 | 溢缺数量 | | 溢缺原因 | 盘点人 | 复核人 | 备注 |
|---|---|---|---|---|---|---|---|---|---|---|
| | | | | | 溢/缺 | 数量 | | | | |
| | | | | | | | | | | |
| | | | | | | | | | | |
| | | | | | | | | | | |

**【实训步骤】**

1. 建立小组，每小组 6 ~ 8 人，设组长一名。

2. 回顾盘点的常用方法及要点。

3. 组长将手工盘点表发放给每位小组成员并为他们各划分一个盘点区域。

4. 小组成员对自己负责区域进行盘点，填制盘点表，如有溢缺则需填制商品溢缺表。

5. 小组成员对对应成员负责区域进行复盘。

6. 组长收回手工盘点表及商品溢缺表，并将各组员的盘点数及复盘数汇报给教师进行核对。

7. 教师进行点评并总结。

**【注意事项】**

实训前应认真预习盘点操作要点，学生要明确自己的角色，并熟悉各个角色的工作职责，严格按程序操作；填写盘点单认真规范。

## 【实训评价】

表 4 – 9　　　　　　　　　　盘点操作能力训练评价

| 考评人 | | 被考评人 | | |
|---|---|---|---|---|
| 考评地点 | | | | |
| 考评内容 | 电子标签拣货系统盘点作业能力 | | | |
| 考评标准 | 具体内容 | | 分值（分） | 实际得分（分） |
| | 盘点知识掌握 | | 20 | |
| | 熟练进行盘点操作 | | 40 | |
| | 正确填写盘点单 | | 40 | |
| 合　计 | | | 100 | |

注：考评满分为100分，60~70分为及格；71~80分为中；81~90分为良好；91分以上为优秀。

# 任务六  填写仓库常用表格

**【任务情景】**

江西省诚信仓配中心每日都有大量货物出入库，仓库管理员按公司规定根据货物的当日出入库情况完成物资库存日报表及其他表格。

**【实训目标】**

通过这次实训，让学生了解仓库常用表格；掌握仓库常用表格的填写方法。

**【实训相关知识】**

一、物资库存日报表

为了更好地了解物资库存情况，每日须填写"物资库存日报表"，如表 4 – 10 所示。

表 4 – 10                         物资库存日报表

日期：_____年_____月_____日

| 品名及规格 | 昨日结存 | 今日入库 | 今日出库 | 今日结余 | 备注 |
|---|---|---|---|---|---|
|  |  |  |  |  |  |
|  |  |  |  |  |  |
|  |  |  |  |  |  |
|  |  |  |  |  |  |
|  |  |  |  |  |  |
|  |  |  |  |  |  |
|  |  |  |  |  |  |
|  |  |  |  |  |  |
|  |  |  |  |  |  |

制表人：

## 二、呆废物资库存月报表

呆料即物料存量过多，耗用量极少，而库存收转率极低的物料。

废料为报废的物料，即经过相当使用，本身已残破不堪或磨损过，甚至已超过其寿命年限，以致失去原有的功能而本身无利用价值的物料。

为了及时了解物资库存动态，了解仓库物资状况，作出相关处理，每月要填写"呆废物资库存月报表"，如表4－11所示。

表4－11 呆废物资库存月报表

存货单位： 日期：_____年_____月_____日

| 品名及规格 | 入库日期 | 单位 | 发生 | | 本月处理数据 | 本月结存数量 |
|---|---|---|---|---|---|---|
| | | | 数量 | 日期 | | |
| | | | | | | |
| | | | | | | |
| | | | | | | |
| | | | | | | |
| | | | | | | |
| | | | | | | |
| | | | | | | |
| | | | | | | |
| | | | | | | |
| | | | | | | |
| | | | | | | |
| | | | | | | |
| | | | | | | |
| | | | | | | |
| | | | | | | |
| | | | | | | |
| | | | | | | |
| | | | | | | |
| | | | | | | |

审核： 制表人：

### 三、报损申请单

报损申请单是用于记录各种实物资产报损（报废）数量、单价（金额）、原因、日期及处理等情况。比如商品坏掉、过期了，不能退回给供应商也不能卖的商品可以做报损申请单，作为亏损掉的商品。

**表 4 – 12**                          **报损申请单**

_____年____月____日                      报损仓库：

| 物资编号 | 品名 | 规格 | 数量 | 单位 | 金额 | 报损原因 | 拟处理方式 |
|---|---|---|---|---|---|---|---|
|  |  |  |  |  |  |  |  |
|  |  |  |  |  |  |  |  |
|  |  |  |  |  |  |  |  |
|  |  |  |  |  |  |  |  |
|  |  |  |  |  |  |  |  |
|  |  |  |  |  |  |  |  |

审核：                                            制单：

**【实训要求】**

1. 要求学生一丝不苟地进行练习。

2. 每5人为一小组，每组根据老师提供的资料认真填写单据。

3. 每组选出一名组长，由组长向老师汇报本小组的填写情况。

4. 教师根据学生填写情况进行总结归纳。

**【实训地点】**

本班教室。

**【实训时间安排】**

整个实训过程安排2课时。

**【实训工具】**

物资库存日报表若干份、呆废物资库存月报表若干份、报损申请单若干份。

**【实训步骤】**

1. 每5人一个小组，选出一名组长。每人一份物资库存日报表、呆废物资库存月报表和报损申请单。

2. 教师介绍物资库存日报表、呆废物资库存月报表和报损申请单的填写方法及注意事项。

3. 教师提供当日货物进出情况，小组成员根据老师提供数据填写物资库存日报表。填写完成由小组成员之间进行检查，并由小组长总结填写情况。

4. 教师提供当月入货情况，小组成员根据老师提供数据填写呆废物资库存月报表。填写完成由小组成员之间进行检查，并由小组长总结填写情况。

5. 教师提供物资损失情况，小组成员根据老师提供数据填写报损申请单。填写完成由小组成员之间进行检查，并由小组长总结填写情况。

6. 教师根据学生填写情况进行总结归纳。

## 【注意事项】

学生认真按照要求填写表格，填写表格之前了解清楚货物情况。

## 【实训评价】

表 4 – 13　　　　　　　　　　仓库常用表格填写能力评价

| 考评人 | | 被考评人 | | |
|---|---|---|---|---|
| 考评地点 | | | | |
| 考评内容 | | 仓库常用表格填写 | | |
| 考评标准 | 具体内容 | | 分值（分） | 实际得分（分） |
| | 正确填写物资库存日报表 | | 50 | |
| | 正确填写呆废物资库存月报表 | | 30 | |
| | 正确填写报损申请单 | | 20 | |
| 合　计 | | | 100 | |

注：考评满分为100分，60~70分为及格；71~80分为中；81~90分为良好；91分以上为优秀。

# 项目五 出库作业实训

# 任务一 练习使用手动堆高车

**【任务情景】**

江西省诚信仓配中心仓库管理员接到 K1、K2 二位客户的货物出库任务。管理员需分别将二位客户的货物用手动堆高车搬运到理货区，完成货物的下架搬运作业。

**【实训目标】**

学生通过本任务的实训，了解手动堆高车的特点与构造，掌握手动堆高车的操作流程、注意事项，且通过强化训练能够对手动堆高车进行正确的操作，提高动手能力和实践能力。

**【实训相关知识】**

**一、堆高车的定义**

堆高车是指对成件托盘货物进行装卸、堆高、堆垛和短距离运输作业的各种轮式搬运车辆，其结构简单、操控灵活、微动性好、防爆安全性能高，适用于狭窄通道和有限空间内的作业，是高架仓库、车间装卸托盘化的理想设备，可广泛应用于石油、化工、制药、轻纺、军工、油漆、颜料、煤炭等工业，以及港口、铁路、货场、仓库等含有爆炸性混合物的场所，并可进入船舱、车厢和集装箱内进行托盘货物的装卸、堆码和搬运作业。

**二、手动液压堆高车特点**

（1）手动液压堆高车门架采用重型"C"型钢立柱钢材，冷弯成型，使门架更坚固，更安全，移动灵活，操作方便省力。

（2）手动液压堆高车油缸采用高精密研磨管，进口油封，一体式阀芯，方便拆卸和维修，泄压方式采取脚踩式，升降速度平稳，安全性大大提高。

（3）手动液压堆高车采用先进的喷塑工艺，改善产品外观的同时增加了手动液压堆高车的耐用性。

（4）手动液压堆高车是一种无污染的手动液压堆高车，具备运输灵巧，操作灵活，转弯半径小等特点。

（5）手动液压堆高车适用于生产工厂，生产车间，仓库仓储，各地车站，码头，机场等地，尤其适合有防火、防爆要求的场地使用，如印刷车间、各类油库、化学品仓库等地。

（6）手动液压堆高车配合托盘货箱、集装箱等可实现单元化运输，不仅减少了碰撞，划伤等情况，更减少了工作量及堆放面积，大大提高工作效率。

### 三、手动液压堆高车结构

手动液压堆高车结构如图5-1所示：1. 手柄，可以用手握，通过推拉使手动液压堆高车行走；2. 控制手柄，是手动液压堆高车提升装置；3. 舵柄，油阀控制装置；4. 脚蹬，也是手动液压堆高车提升装置，可与控制手柄交替使用；5. 方向轮；6. 脚刹，安全制动装置；7. 货叉；8. 门架。

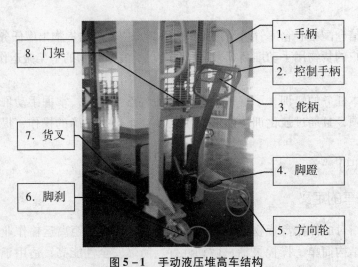

图5-1　手动液压堆高车结构

### 四、手动堆高车的操作流程

（1）双手握住堆高车手柄向前推，同时调整方向对准货架托盘位。

图5-2　步骤一

（2）距离货架大约30公分时停下堆高车，把刹车踩下，打下舵柄，双手握住堆高车控制手柄上下摇动，调高货叉高度到托盘位置。

舵柄打下

图 5－3 步骤二

（3）双手握住堆高车手柄，松开刹车向前推，货叉对准货架托盘位插入托盘槽中。

图 5－4 步骤三

（4）把刹车踩下，双手握住堆高车控制手柄上下摇动，提升货叉，叉取托盘。

图 5－5 步骤四

（5）松开刹车，将堆高车向后拉出货架，提起舵柄，降低货叉高度到距离地面不超过 30cm。

（6）搬运托盘到理货区，踩下脚刹，将货叉降至最低拉出手动堆高机车。

（7）将手动堆高车舵柄回位，停在指定设备存放区。

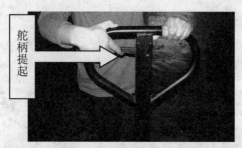

图 5 - 6 步骤五

图 5 - 7 步骤六

【实训要求】

1. 每小组轮流完成托盘货物的下架搬运作业。

2. 小组成员需每人都完成托盘货物的下架搬运作业，每人完成 1 次搬运作业。

3. 作业中，托盘四角摆放的瓶装饮料不能掉落。

4. 托盘需搬运至规定理货区域内，摆放整齐。

5. 实训时间限时每人为 4 分钟。

【实训地点】

校物流实训中心。

【实训时间安排】

整个实训过程安排 2 课时。

【实训工具】

手动堆高车 2 辆、塑料托盘 2 个、纸箱 10 个、瓶装饮料 8 瓶。

【实训步骤】

1. 学生分组，每小组 6~8 人，设组长一名。

2. 教师讲解手动堆高车特点、种类、构造。

3. 教师示范手动堆高车的实训操作。

（1）从手动堆高车停放处，获取手动堆高车。

（2）在货架储存区，从货架储位上叉取堆有箱子的托盘。

（3）利用手动堆高车将托盘搬运至理货区。

（4）手动堆高车归至停放处。

4. 每位小组成员单独操作，其他小组成员观摩，并且对操作进行小组评价，小组成员依次轮流实训。

5. 比较小组中各个成员操作的优缺点，评选出该小组最佳。

6. 由实训教师对实训效果进行总结和评价。

**【注意事项】**

1. 车辆行驶以前应检查刹车的工作状况，并确保刹车有效。

2. 货叉在插取托盘时，不允许碰撞托盘，货叉应尽可能完全伸到货物下面，确定货物要完全放在托盘上，货物的重量没有超过车辆的载荷能力（不允许长期满负荷地运送货物）。

3. 载物起步时，托盘离地不超过30cm，确认所载货物平稳可靠，缓慢平稳起步。

4. 运行过程中，不允许与其他设备或物品产生任何碰撞。

5. 运行过程中，避免人面向托盘倒着行走。

6. 货物搬运至目的位置时，将货叉降至最低方可拉出手动堆高机车。

7. 驻车后，必须踩下脚刹制动，要注意安全，绝对不能将车辆停放在斜面或斜坡上。

8. 不允许将手动堆高车停出指定设备存放区。

**【实训评价】**

表 5-1　　　　　　　　　　　练习使用手动堆高车评价

| 考评人 | | | 被考评人 | |
|---|---|---|---|---|
| 考评地点 | | | | |
| 考评内容 | 手动堆高车使用能力 | | | |
| 考评标准 | 具体内容 | | 分值（分） | 实际得分（分） |
| | 手动堆高车知识掌握 | | 10 | |
| | 舵柄使用正确 | | 25 | |
| | 手动堆高车使用灵活、自如 | | 30 | |
| | 托盘搬运规范 | | 20 | |
| | 脚刹使用正确 | | 15 | |
| 合　计 | | | 100 | |

注：考评满分为100分，60~70分为及格；71~80分为中；81~90分为良好；91分以上为优秀。

# 任务二　练习使用半电动堆高车

## 【任务情景】

江西省诚信仓配中心仓库管理员接到 K1、K2 二位客户的货物出库任务。管理员需分别将二位客户的货物用半自动堆高车搬运到理货区，完成货物的下架搬运作业。

## 【实训目标】

学生通过本任务的实训，了解半自动堆高机的特点与构造，理解半自动堆高机的种类，掌握半自动电动堆高机的操作流程、注意事项，且通过强化训练能够对半自动堆高车进行正确的操作，提高动手能力和实践能力。

## 【实训相关知识】

### 一、电动堆高车的简介

以电动机为动力，蓄电池为能源的一种工业搬运车辆，是指对成件托盘货物进行装卸、堆高、堆垛和短距离运输作业的各种轮式搬运车辆，国际标准化组织 ISO/TC110 称为工业车辆。电动堆高车包括：全电动堆高车、半电动堆高车、前移式全电动堆高车、前移式堆高车、步行平衡重式堆高车。电动堆高车广泛应用于工厂车间、仓库、流通中心和配送中心、港口、车站、机场、货场等，并可进入船舱、车厢和集装箱内进行托盘货物的装卸、搬运作业；电动堆高车是托盘运输、集装箱运输必不可少的设备。

### 二、半电动堆高车的特点

半电动堆高车优势是操作比较简单，价格便宜，而且实用范围较广，保养维护方便，对通道宽度要求比较低。

但是它有明显不足，一是移动比较费力，由于是人工移动，在移动较大吨位时，需要二个人共同协力推拉才可移动，在地面不平整时更费力；二是不适合载重超过 1.2 吨的货物；三是承重量随着升高的高度变化比较大，大多数的半电动堆高车在升高到最高时都不能载重到它额定的重量；四是安全系数较低，电瓶使用时间较短。

### 三、半电动堆高车的使用范围

半电动堆高车主要的作用就是起到升降的功能，主要用于装车卸货、仓库堆货架、高空取料等只需要小范围移动的操作。

### 四、半电动堆高车的结构

半电动堆高车结构如图 5-8 所示：1. 手柄，可以用手握，通过人力推动堆高车行走；2. 升降杆，通过操纵升降杆，使货叉上升、下降；3. 转向手柄，通过操纵转向手柄，改变堆高车行走方向；4. 刹车，安全制动装置；5. 大轮；6. 货叉；7. 门架。

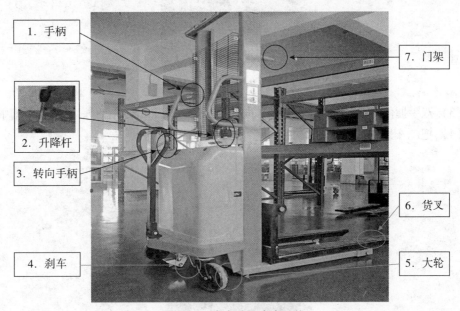

图 5-8　半电动堆高车结构

### 五、半电动堆高车的操作流程

（1）双手握住堆高车手柄向前推，并且通过转向手柄调整方向，对准货架托盘位。

图 5-9　步骤一

（2）距离货架大约 30 公分时停下堆高车，把刹车踩下，向前推控制手柄，调高货叉至托盘高度位置。

图 5-10　步骤二

（3）双手握住堆高车手柄，松开刹车向前推，货叉对准货架托盘位，插入托盘槽中。

（4）把刹车踩下，向前推控制手柄，提升货叉，叉取托盘。

图 5-11　步骤四

（5）松开刹车，将堆高车向后拉出货架，向后扳控制手柄，降低货叉高度到距离地面不超过 30cm。

图 5-12　步骤五

（6）搬运托盘到理货区，踩下脚刹，将货叉降至最低拉出堆高机车。

（7）将堆高车停在指定设备存放区。

图 5 - 13　步骤六

图 5 - 14　步骤七

【实训要求】

　　1. 每小组轮流完成托盘货物的下架搬运作业。

　　2. 小组成员需每人都完成托盘货物的下架搬运作业，搬运次数为每人两次。

　　3. 作业中，托盘四角摆放的瓶装饮料不能掉落。

　　4. 托盘需搬运至规定理货区域内，摆放整齐。

　　5. 实训时间限时每人为 5 分钟。

【实训地点】

　　物流实训中心。

【实训时间安排】

　　整个实训过程安排 2 课时。

【实训工具】

　　半自动堆高车 1 辆，塑料托盘 2 个，纸箱 10 个，瓶装饮料 8 瓶。

【实训步骤】

　　1. 教师讲解半自动堆高车特点、种类、构造。

　　2. 教师示范半自动堆高车的实训操作。

　　（1）从半自动堆高车停放处，获取半自动堆高车。

　　（2）在货架储存区，从货架储位上叉取堆箱子的托盘。

　　（3）利用半自动堆高车将托盘搬运至理货区。

（4）半自动堆高车归至停放处。

3. 学生分组，每小组 6~8 人，每小组设组长一名。

4. 每位小组成员单独操作，其他小组成员观摩，并且对操作成员进行小组评价，小组成员依次轮流实训。

5. 比较小组中各个成员操作的优缺点，评选出该小组最佳。

6. 由实训教师对实训效果进行总结和评价。

【注意事项】

1. 车辆行驶以前应检查刹车和泵站的工作状况，并确保蓄电池被完全充电。

2. 货叉在插取托盘时，不允许碰撞托盘，货叉应尽可能完全伸到货物下面，确定货物要完全放在托盘上，货物的重量没有超过车辆的载荷能力（不允许长期满负荷地运送货物）。

3. 载物起步时，托盘离地不超过30cm，确认所载货物平稳可靠，缓慢平稳起步。

4. 运行过程中，不允许与其他设备或物品产生任何碰撞。

5. 运行过程中，避免人面向托盘倒着行走。

6. 货物搬运至目的位置时，将货叉降至最低方可拉出半自动堆高机车。

7. 驻车后，必须踩下脚刹制动，要注意安全，绝对不能将车辆停放在斜面或斜坡上。

8. 紧急停车时按下急停开关，就会切断所有的电器控制功能。

9. 车辆不使用，必须旋转电锁开关，并取走钥匙。

10. 不允许将半自动堆高车停出指定设备存放区。

【实训评价】

表 5-2　　　　　　　　　　练习使用半自动堆高车评价

| 考评人 | | 被考评人 | |
|---|---|---|---|
| 考评地点 | | | |
| 考评内容 | 半自动堆高车使用能力 | | |
| 考评标准 | 具体内容 | 分值（分） | 实际得分（分） |
| | 半自动堆高车知识掌握 | 10 | |
| | 控制手柄使用正确 | 25 | |
| | 半自动堆高车使用灵活、自如 | 30 | |
| | 托盘搬运规范 | 20 | |
| | 刹车使用正确 | 15 | |
| 合　计 | | 100 | |

注：考评满分为100分，60~70分为及格；71~80分为中；81~90分为良好；91分以上为优秀。

# 任务三　练习使用全电动堆高车

## 【任务情景】

江西省诚信仓配中心仓库管理员接到 K1、K2 二位客户的货物出库任务。管理员需分别将二位客户的货物用全电动堆高车搬运到理货区，完成货物的下架搬运作业。

## 【实训目标】

学生通过本任务的实训，了解全电动堆高车的特点与结构，掌握全电动堆高车的操作流程、注意事项，且通过强化训练能够对全电动堆高车进行正确的操作，提高动手能力和实践能力。

## 【实训相关知识】

### 一、全电动堆高车的结构

全电动堆高车的结构如图 5-15 所示：1. 门架；2. 电锁；3. 货叉；4. 后轮；5. 站台；6. 急停开关；7. 操控手柄；8. 保护屏。

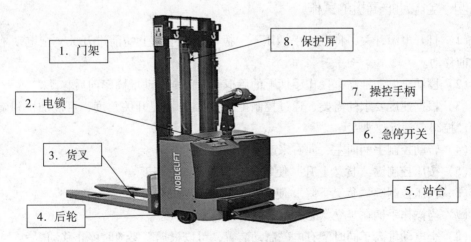

**图 5-15　全电动堆高车的结构**

### 二、操控手柄结构

操控手柄包括 6 个控制部分如图 5-16 所示，图上列出了 5 个，另一个是按下手柄；操作手柄下压 45°左右是其正常工作状态，操作手柄竖直或全压下状态是断电状态。

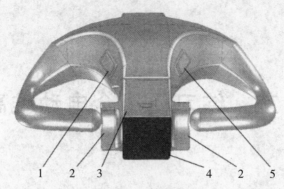

**图 5-16  控制手柄**

1—下降按钮；2—前进/后退旋钮；3—喇叭按钮；4—肚皮开关；5—起升按钮

### 三、全电动堆高车的特点

（1）在起升车辆中全电动堆高车的机动性和牵引性能最好，适合室内作业。

（2）全电动堆高车常用起升高度在 2m～4m，有的起升高度可达到 8m，全电动堆高车方便在车站、码头装卸货物，也有在工地和企业的车间内外搬运机件和各种材料。

（3）全电动堆高车的作业生产率在起升车辆中最高，它的行驶速度、起升速度和爬坡能力也最强，在选用起升车辆时可优先考虑。

（4）全电动堆高车主要用于装卸作业，也可在 50m 左右的距离做搬运作业。

（5）全电动堆高车在扩大用途时可带多种属具。

### 四、全电动堆高机的操作

（1）打开电源开关，将操作手柄压下，拨动操作手柄上的前进开关，全电动堆高车向前移动。

（2）拨动全电动堆高车操作手柄上的后退开关，全电动堆高车向后移动。

（3）根据速度要求的需要，通过控制手柄中前进/后退开关角度，可以加快和调慢速度，控制车辆行驶速度。

（4）转动控制手柄向左、向右来改变车辆行驶的方向。

（5）按压控制键"货叉上升"使货叉升高到需要的高度。

（6）按压控制键"货叉下降"使货叉下降到需要的高度。

（7）当操作手柄在竖立状态和水平状态时是断电状态。

（8）全电动堆高车同时配有电磁制动装置，可以根据需要随时停止移动。

【实训要求】

1. 每小组轮流完成托盘货物的下架搬运作业。

2. 小组成员需每人都完成托盘货物的下架搬运作业，搬运次数为每人两次。

3. 作业中，托盘四角摆放的瓶装饮料不能掉落。

4. 托盘需搬运至规定理货区域内，摆放整齐。

5. 实训时间限时每人 3 分钟。

## 【实训地点】

物流实训中心。

## 【实训时间安排】

整个实训过程安排 2 课时。

## 【实训工具】

全电动堆高车 1 辆，塑料托盘 2 个，纸箱 10 个，瓶装饮料 8 瓶。

## 【实训步骤】

1. 教师讲解全电动堆高机特点、种类、构造。

2. 教师示范全电动堆高机的实训操作。

（1）启动车辆，旋转并打开急停开关，在电锁开关内插入钥匙并向右方向旋转至位置"I"。

（2）驾驶车辆，旋转控制手柄到驱动范围"F"内，调整控制器，控制车辆行驶速度和运行的方向。

（3）在货架储存区，分别从货架储位上叉取堆有箱子的托盘。

（4）利用全电动堆高机分别将托盘搬运至理货区。

（5）全电动堆高机归至停放处。

3. 学生分组，每小组 6~8 人，设组长一名。

4. 每位小组成员单独操作，其他小组成员观摩，并且对其操作进行小组评价，小组成员依次轮流实训。

5. 比较小组中各个成员操作的优缺点，评选出该小组最佳。

6. 由实训教师对实训效果进行总结和评价。

## 【注意事项】

1. 必须确认车辆的危险区域内没有任何人员。

2. 查看电量表的电量，检查喇叭、操纵手柄的刹车功能。

3. 货叉在插取托盘时，不允许碰撞托盘，货叉应尽可能完全伸到货物下面，确定货物要完全放在托盘上，货物的重量没有超过车辆的载荷能力（不允许长期满负荷地运送货物）。

4. 载物起步时，托盘离地不超过 30cm，确认所载货物平稳可靠，缓慢平稳起步。

5. 运行过程中，不允许与其他设备或物品产生任何碰撞。

6. 严禁用叉车来运输或提升人员，且驾驶期间车辆上除驾驶员外不能坐其他人。

7. 当运载的货物挡住了视线时，叉车必须倒退行驶时，需有人员进行监护。

8. 在操作当中，禁止突然加速、急停或急转，否则可能导致货物以及车体的倾覆。

9. 车辆不使用，必须旋转电锁开关，并取走钥匙。

10. 不允许将全电动堆高车停出指定设备存放区，绝对不能将车辆停放在斜面或斜坡上。

## 【实训评价】

表 5 – 3 练习使用全电动堆高车评价

| 考评人 | | | 被考评人 | |
|---|---|---|---|---|
| 考评地点 | | | | |
| 考评内容 | 全电动堆高车使用能力 | | | |
| 考评标准 | 具体内容 | | 分值（分） | 实际得分（分） |
| | 全电动堆高车知识掌握 | | 10 | |
| | 控制手柄使用正确 | | 25 | |
| | 全电动堆高车使用灵活、自如 | | 30 | |
| | 托盘搬运规范 | | 20 | |
| | 正确检查、停放车辆 | | 15 | |
| 合　计 | | | 100 | |

注：考评满分为 100 分，60~70 分为及格；71~80 分为中；81~90 分为良好；91 分以上为优秀。

# 任务四 练习使用打包机

【任务情景】

江西省诚信仓配中心打包员接到 K1、K2 二位客户的货物出库打包任务，打包员需分别对二位客户货物在加工包装区进行包装作业。

【实训目标】

学生通过本任务的实训，能理解打包机的结构和工作原理，掌握打包机的货物打包操作，并且通过打包实训作业，能学会对货物采取相应合适的包装方式。

【实训相关知识】

## 一、包装在配送中的作用

（1）保护产品不受损伤和损失，提高运输安全和运输效率。

（2）减轻装卸搬运的劳动强度、难度，提高装卸搬运效率。

（3）方便商品的计数，能便于商品的堆码叠放，节省仓库空间，保护物品。

## 二、手动打包机的结构

手动打包机由拉紧器和卡钳（如图5-17、图5-18所示）组成一套。

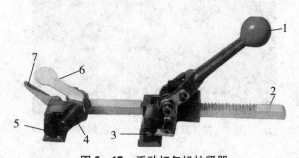

**图5-17 手动打包机拉紧器**

1—手柄；2—齿轮；3—后带夹；4—带刀；5—前带夹；6—带刀柄；7—脚手柄

## 三、高台面半自动捆扎机

1. 高台面半自动捆扎机基本原理

高台面半自动捆扎机（见图5-19）是使用捆扎带缠绕产品或包装件，然后收紧并

**图 5 – 18  卡钳**

将两端通过热效应熔融或使用包扣等材料连接的机器。捆扎机的功用是使塑料带能紧贴于被捆扎包件表面，保证包件在运输、储存中不因捆扎不牢而散落，同时还应捆扎整齐美观。该捆扎机台面稍高，适合较轻物品的打包捆扎；捆扎机在打开电源开关后，温度在 6 秒钟后自动加热完成，在插入包装带后能自动完成聚带、热合、切断、出带的捆扎过程，且能自动停机。

**图 5 – 19  高台面半自动捆扎机**

2. 高台面半自动捆扎机按钮（见图 5 – 20）使用说明

**图 5 – 20  高台面半自动捆扎机按钮**

（1）电源按钮（红色按钮）：插上电源插头，按下电源开关，红色指示灯亮。

（2）长度控制按钮：根据货物箱或货物包装的大小，可以设定每次自动出带所需的长度。

（3）归零按钮（黄色按钮）：按下此按钮，带子退出机器。

（4）进带按钮（绿色按钮）：如捆扎机自动送出的带子不够长时，可按下此按钮。

3. 常见故障及排除方法

（1）卡带：带子卡在滚轮中间时，关掉电源开关，按照退带方向将带子拉出。

（2）不自动出带：首先检查"出带长度调整"是否在"0"处，然后再看穿带过程是否正确，如果不行，送带滚轮附近卡住异物，也会造成此情况。

（3）未捆紧即切断：机器松紧调紧一些即可。

## 【实训要求】

1. 每小组轮流完成包装实训作业。

2. 每个小组成员需每人都单独完成包装实训作业，每人完成两次包装实训作业。

3. 包装实训作业中，采取合适的包装捆扎方式进行作业。

4. 包装捆扎平直整齐，松紧合适。

5. 实训时间限时每人为6分钟。

## 【实训地点】

物流实训中心。

## 【实训时间安排】

整个实训过程安排2课时。

## 【实训工具】

手动打包机2台，半自动打包机2台，卡钳2把，钢扣若干，塑料包装带若干卷，纸箱8个。

## 【实训步骤】

1. 老师引导学生了解打包机的主要结构，向学生介绍打包机的工作原理与工作流程。

2. 教师示范的手动打包机实训操作。

（1）先把打包带缠绕到包装物上。

（2）调整好拉紧器，用拉紧器前、后夹分别压紧夹上包装带头尾两端。

（3）用手推动拉紧器手柄，使包装带收紧；用拉紧器前面的刀口把打包带剪断。

（4）用铁扣套上包装带的头尾两端接头。

（5）把卡钳打开到最大状态，然后对准铁扣用力夹紧铁扣。

（6）松开前、后带夹，取出拉紧器。

3. 教师示范的半自动打包机实训操作。

（1）接通电源启动，按下"电源"开关，接通电源，启动半自动打包机。

（2）预热设备，半自动打包机启动后，设备进行预热，直到预热发出的声音停止即可。

（3）设定出带长度，估算打包所需长度，旋转"送带长度"调节器至合适位置。

（4）进带打包，将纸箱放到打包机上，按下进带按钮，调节打包带至合适长度，将包装带环绕纸箱，端头插入夹口处进行自动捆扎打包。

（5）结束，完成作业后关掉开关，断掉电源。

4. 学生分组，每小组6~8人，设组长一名。

5. 每位小组成员单独操作，其他小组成员观摩，并且对其操作进行小组评价，小组成员依次轮流实训。

6. 比较小组中各个成员操作的优缺点，评选出该小组最佳。

7. 由实训教师对实训效果进行总结和评价。

## 【注意事项】

1. 手动打包机注意事项

（1）使用手动打包机时，一般先将拉紧器调整到最大状态。

（2）打包带位置要合理，打包带松紧要适度。

（3）卡钳要对准铁扣，用力夹到底，铁扣要夹紧咬合牢固。

（4）要先松开后带夹，移出拉紧器后端，再松开前带夹，取出拉紧器。

2. 半自动打包机注意事项

（1）在打包之前，要进行机械、送带轨检查。

（2）开机过程中如果发现有异常现象，应停止半自动打包机，以免造成内部零件的损坏，并且交予修理人员来处理。

（3）机械运转中，严禁把头和手伸进机械里，同时也要注意周边是否站人。

（4）包装带的长度应该比纸箱周长长约10cm。

（5）纸箱放置工作台时，应该与出带槽方向垂直。

（6）当包装带捆扎收紧时，应注意不将手指放入包装带下，避免发生捆扎受伤事故。

（7）工作完成后，关闭电源。

## 【实训评价】

表5-4　　　　　　　　　　　　打包能力训练评价

| 考评人 | | 被考评人 | |
|---|---|---|---|
| 考评地点 | | | |
| 考评内容 | 打包能力 | | |
| 考评标准 | 具体内容 | 分值（分） | 实际得分（分） |
| | 训练工作态度 | 15 | |
| | 正确使用设备 | 30 | |
| | 按规定的形式打包 | 30 | |
| | 包装外形美观 | 25 | |
| 合　计 | | 100 | |

注：考评满分为100分，60~70分为及格；71~80分为中；81~90分为良好；91分以上为优秀。

# 任务五　识别包装标志

**【任务情景】**

学生到江西省诚信仓配中心参观，识别在仓库里看到的货物的外包装上标出各种图案和文字的意义和作用。

**【实训目标】**

掌握商品包装标志的种类与含义。

**【实训相关知识】**

商品包装标志是用于指明包装内容物的性质，为了运输、装卸、搬运、储存和堆码等的安全要求和商品理货分运的需要在外包装上用图像或文字标明的规定记号，包括包装储运指示标志、运输包装收发货标志和危险品包装标志。

## 一、商品包装标志的作用

（1）便于商品在运输和保管中的辨认识别，防止错发错运。

（2）及时、准确地将商品运到指定的地点。

（3）便于商品装卸、堆码，保证商品质量安全，加速商品周转。

## 二、包装储运指示标志

1. 标志的数量

标志的数量是指一个包装件上使用相同标志的数量，应根据包装件的尺寸和形状决定。

2. 标志在包装上的粘贴位置

（1）箱类包装位于包装端面或侧面。

（2）袋类包装位于包装明显处。

（3）桶类包装位于桶身或桶盖。

（4）集装单元货物应位于四个侧面。

3. 下列标志的使用的规定

（1）标志1"易碎物品"应标在包装件所有四个侧面的左上角处（见表5-5）。

（2）标志3"向上"应标在与标志1相同的位置上（见表5-5）；当标志1和标志3同时使用时，标志3应更接近包装箱角（见表5-5）。

（3）标志7"重心"应尽可能标在包装件所有六个面的重心位置上，否则至少也应标在包装件四个侧、端面的重心位置上（见表 5-5）。

（4）标志 11 "由此夹起" 应：①只能用于可夹持的包装件；②标志应标在包装件的两个相对面上，以确保作业时标志在叉车司机的视线范围内。

（5）标志 16 "由此吊起" 至少贴在包装件的两个相对面上（见表 5-5）。

表 5-5             标志名称和图形

| 序号 | 标志名称 | 标志图形 | 含义 | 备注/示例 |
|---|---|---|---|---|
| 1 | 易碎物品 | | 运输包装件内装易碎品，因此搬运时应小心轻放 | 使用示例： |
| 2 | 禁用手钩 | | 搬运运输包装件时禁用手钩 | |
| 3 | 向上 | | 表明运输包装件的正确位置是竖直向上 | 使用示例： |
| 4 | 怕晒 | | 表明运输包装件不能直接照晒 | |
| 5 | 怕辐射 | | 包装物品一旦受辐射便会完全变质或损坏 | |

| 序号 | 标志名称 | 标志图形 | 含义 | 备注/示例 |
|---|---|---|---|---|
| 6 | 怕雨 | | 包装件怕雨淋 | |
| 7 | 重心 | | 表明一个单元货物的重心 | 使用示例：<br><br>应标在实际的重心位置 |
| 8 | 禁止翻滚 | | 不能翻滚运输包装 | |
| 9 | 此面禁用手推车 | | 搬运货物时此面禁放手推车 | |
| 10 | 禁用叉车 | | 不能用升降叉车搬运的包装件 | |
| 11 | 由此夹起 | | 表明装运货物时夹钳放置的位置 | |
| 12 | 此处不能卡夹 | | 表明装卸货物时此处不能用夹钳夹持 | |

| 序号 | 标志名称 | 标志图形 | 含义 | 备注/示例 |
|---|---|---|---|---|
| 13 | 堆码重量极限 | | 表明该运输包装件所能承受的最大重量极限 | |
| 14 | 堆码层数极限 | | 相同包装的最大堆码层数，n 表示层数极限 | |
| 15 | 禁止堆码 | | 该包装件不能堆码并且其上也不能放置其他负载 | |
| 16 | 由此吊起 | | 起吊货物时挂链条的位置 | 使用示例：应标在实际的起吊位置上 |
| 17 | 温度极限 | | 表明运输包装件应该保持的温度极限 | |

4. 标志尺寸（见表5-6）

表 5-6　　　　　　　　　　　　　　　标志尺寸　　　　　　　　　　　（单位：mm）

| 序号 \ 尺寸 | 长 | 宽 |
|---|---|---|
| 1 | 70 | 50 |
| 2 | 140 | 100 |
| 3 | 210 | 150 |
| 4 | 280 | 200 |

### 三、危险货物包装标志

#### 1. 危险货物包装标志

危险货物包装标志如表 5 - 7 所示。

**表 5 - 7**　　　　　　　　　　　　　　　**危险货物包装标志**

| <br>包装标志 1<br>爆炸品标志<br>（符号：黑色；底色：<br>橙红色） | <br>包装标志 2<br>爆炸品标志<br>（符号：黑色；底色：<br>橙红色） | <br>包装标志 3<br>爆炸品标志<br>（符号：黑色；底色：<br>橙红色） | <br>包装标志 4<br>易燃气体标志<br>（符号：黑色或白色；<br>底色：正红色） |
|---|---|---|---|
| <br>包装标志 5<br>不燃气体标志<br>（符号：黑色或白色；<br>底色：绿色） | <br>包装标志 6<br>有毒气体标志<br>（符号：黑色；<br>底色：白色） | <br>包装标志 7<br>易燃液体标志<br>（符号：黑色或白色；<br>底色：正红色） | <br>包装标志 8<br>易燃固体标志<br>（符号：黑色；底色：<br>白色红条） |
| <br>包装标志 9<br>自燃物品标志<br>（符号：黑色；底色：<br>上白下红） | <br>包装标志 10<br>遇湿易燃物品标志<br>（符号：黑色或白色；<br>底色：蓝色） | <br>包装标志 11<br>氧化剂标志<br>（符号：黑色；底色：<br>柠檬黄色） | <br>包装标志 12<br>有机过氧化物标志<br>（符号：黑色；底色：<br>柠檬黄色） |
| <br>包装标志 13<br>剧毒品标志<br>（符号：黑色；<br>底色：白色） | <br>包装标志 14<br>有毒品标志<br>（符号：黑色；底色：<br>白色） | <br>包装标志 15<br>有害品标志<br>（符号：黑色；<br>底色：白色） | <br>包装标志 16<br>感染性物品标志<br>（符号：黑色；<br>底色：白色） |

| <br>包装标志 17<br>一级放射性物品标志<br>（符号：黑色；底色：白色，附一条红竖线） | <br>包装标志 18<br>二级放射性物品标志<br>（符号：黑色；底色：上黄下白，附两条红竖线） | <br>包装标志 19<br>三级放射性物品标志<br>符号：黑色；底色：上黄下白，附三条红竖线） | <br>包装标志 20<br>腐蚀品标志<br>（符号：上黑下白；底色：上白下黑） |
| --- | --- | --- | --- |
| <br>包装标志 21<br>杂类标志<br>（符号：黑色；底色：白色） | | | |

2. 危险货物包装标志尺寸

危险货物包装标志尺寸如表 5-8 所示。

表 5-8　　　　　　　　　　　危险货物包装标志尺寸　　　　　　　　　（单位：mm）

| 号别 ＼ 尺寸 | 长 | 宽 |
| --- | --- | --- |
| 1 | 50 | 50 |
| 2 | 100 | 100 |
| 3 | 150 | 150 |
| 4 | 250 | 250 |

　　危险货物包装标志尺寸，按标准规定一般分为四种；1 号适用于拴挂，2、3、4 号适用于印刷或标志；包装体积特大或特小的货物，其标志幅面不受此尺寸限制。

【实训要求】

　　1. 每组成员能识别给定的包装标志。

　　2. 每组成员能将实训教师任意给定的包装标志解释其含义并说明使用时应注意的问题。

【实训地点】

　　本班教室。

## 【实训时间安排】

整个实训过程安排 1 课时。

## 【实训工具】

笔、包装储运指示标志和危险品包装标志各 6 套。

## 【实训步骤】

1. 建立小组，每小组 6 ~ 8 人，每小组设组长一名。

2. 每个小组两人一对一进行包装储运指示标志、危险品包装标志识别练习，直至达到标准。

3. 每组成员识别给定的包装标志、危险品包装标志。

4. 实训教师任意给定的包装标志，每组成员解释其含义并说明使用时应注意的问题。

5. 实训教师对技能训练进行评价。

## 【注意事项】

学生应不仅能识别包装标志且应能解释其含义及使用注意事项。

## 【实训评价】

表 5 – 9　　　　　　　　　　　商品包装标志识别能力训练评价

| 考评人 | | 被考评人 | |
|---|---|---|---|
| 考评地点 | | | |
| 考评内容 | 打包能力 | | |
| 考评标准 | 具体内容 | 分值（分） | 实际得分（分） |
| | 训练工作态度 | 15 | |
| | 商品包装标志的识别 | 30 | |
| | 商品包装标志的含义 | 30 | |
| | 小组协作 | 25 | |
| 合　计 | | 100 | |

注：考评满分为 100 分，60 ~ 70 分为及格；71 ~ 80 分为中；81 ~ 90 分为良好；91 分以上为优秀。

# 任务六　练习使用托盘搬运车

## 【任务情景】

江西省诚信仓配中心搬运员接到 K1、K2 两位客户的货物搬运任务，现在搬运员需用手动液压托盘搬运车进行作业，分别将两位客户货物搬运到站台区。

## 【实训目标】

学生通过本任务的实训，认识手动液压托盘搬运车的结构，了解托盘搬运车分类，并能通过动手操作与互相观察，掌握液压托盘车的使用方法，且通过强化训练达到一定的熟练度。

## 【实训相关知识】

### 一、托盘搬运车简介

#### 1. 托盘搬运车分类

托盘搬运车可分为手动液压托盘搬运车（如图 5 - 21 所示）、电动托盘搬运车（如图 5 - 22 所示）及半电动托盘搬运车（如图 5 - 23 所示）。

图 5 - 21　手动液压托盘搬运车　　图 5 - 22　电动托盘搬运车　　图 5 - 23　半电动托盘搬运车

#### 2. 手动液压托盘搬运车的简介

手动液压托盘搬运车是指需手动搬运货物作用的小体积液压轮式物流搬运设备。在使用时，将其承载的货叉插入托盘孔内，由人力驱动液压系统来实现托盘货物的起升和下降，并由人力拉动完成搬运作业。它是托盘运输中最简便、最有效、最常见的装卸搬运工具，适合于狭窄通道和有限空间内的作业，广泛应用于各类仓库、工厂、医院、学校、商场、机场、体育场馆、车站机场等。

液压托盘搬运车的结构如图 5 - 24 所示。

**图 5 - 24 液压托盘搬运车的结构**

1—舵柄；2—手柄；3—液压泵；4—货叉；5—转向轮

## 二、手动托盘搬运车的使用方法

### 1. 检查舵柄

舵柄的作用是控制液压系统的启动。开启舵柄后，液压系统可以产生压力；释放舵柄后，液压系统的压力也随之消失。检查舵柄是否已经放下。如图 5 - 25 所示。

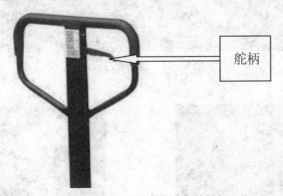

舵柄

**图 5 - 25 手动托盘搬运车的舵柄**

### 2. 将货叉推入托盘槽内

货叉推入托盘槽内时，手柄应与地面或货叉保持垂直；同时，手臂伸直，两手同时抓住手柄的两端。如图 5 - 26 所示。

### 3. 启动液压设备

货叉插入托盘槽内后，上下摇动手柄，启动液压系统，使货叉上升，上升到与地面无摩擦的距离后即可移动。如图 5 - 27 所示。

### 4. 移动货物

移动货物的时候，为了使用方便和视线不被货物挡住，应手拉叉车。

### 5. 将货物放到目标位置

将货物搬运到目标位置后，提起舵柄，使货叉下降；从托盘槽内抽出货叉；此次搬运作业完成。如图 5 - 28 所示。

图 5－26　将货叉推入托盘槽内

图 5－27　启动液压设备

图 5－28　提起舵柄使货叉下降

## 【实训要求】

1. 认真预习手动托盘搬运车使用方法。
2. 严格遵守托盘搬运车使用要求。
3. 爱护实训中心设施，文明操作。
4. 遵守实训中心规章制度，保持课堂纪律，不大声喧哗。

## 【实训地点】

校物流实训中心。

## 【实训时间安排】

整个实训过程安排 2 课时。

## 【实训工具】

手动托盘搬运车两辆、塑料托盘两只、纸箱若干。

## 【实训步骤】

1. 建立小组，每小组 6~8 人，设组长一名。
2. 教师介绍手动托盘搬运车使用方法及注意事项。
3. 两人一组进行手动托盘搬运车的插入、托起、移动、卸货的练习。

## 【注意事项】

1. 检查舵柄是否正常。
2. 检查液压托盘搬运车的液压状况，升降是否完好。
3. 货叉在进入托盘插孔时，不允许碰撞托盘，并保证货叉进入托盘后，托盘均匀分布在货叉上，否则运行时易引起侧翻。
4. 抬升托盘，将托盘搬运车舵柄下压至上升档，手柄上下往复，至托盘离地 2cm~3cm 即可，将舵柄回至空挡。
5. 载物起步时，应先确认所载货物平稳可靠，起步时须缓慢平稳起步。
6. 运行过程中，不允许与其他设备或物品产生任何碰撞。
7. 运行过程中，避免人面向托盘倒着行走。
8. 货物搬运至目的位置时，将舵柄提升至下降挡，货叉降至最低时，方可拉出液压托盘搬运车。
9. 停车时，手柄应与货叉垂直，货叉降至最低位置。
10. 不允许将液压托盘搬运车停出指定设备存放区。

## 【实训评价】

表 5-10 　　　　　　　　　　手动托盘搬运车能力训练评分

| 考评人 | | | 被考评人 | |
| --- | --- | --- | --- | --- |
| 考评地点 | | | | |
| 考评内容 | 手动托盘搬运车使用能力 | | | |
| 考评标准 | 具体内容 | | 分值（分） | 实际得分（分） |
| | 手动托盘搬运车知识掌握 | | 10 | |
| | 舵柄使用正确 | | 25 | |
| | 手动托盘搬运车使用灵活、自如 | | 30 | |
| | 托盘能搬运归位 | | 20 | |
| | 无违规操作 | | 15 | |
| 合　计 | | | 100 | |

注：考评满分为 100 分，60~70 分为及格；71~80 分为中；81~90 分为良好；91 分以上为优秀。

# 任务七　练习办理出库手续

**【任务情景】**

江西省诚信仓配中心仓库管理员已经将 K1、K2 二位客户的货物准备至发货站台，K1、K2 二位客户的提货员分别到江西省诚信仓配中心库房来提取货物；现在需分别根据以上信息完成出库交接工作。

**【实训目标】**

通过本任务的实训，让学生熟悉仓储物资出库方式，熟悉并能填制出库单据凭证，并能顺利办理各种单据交接与流转，熟悉仓储物资出库复核复检的内容，掌握出库核查的要求和出货检查的方法，培养和提高学生出库作业的实际动手能力。

**【实训相关知识】**

### 一、仓库出库作业的概述

商品出库业务，它是商品存储阶段的终止，也是仓库作业管理的最后一个环节，是仓库根据使用单位或业务部门开出的商品出库凭证（提货单、领料单、调拨单），按其所列的商品名称、规格、数量和时间、地点等项目，组织商品出库，登账、配货、复核、点交清理、送货等一系列工作的总称。

### 二、商品出库的原则和依据

#### （一）商品出库的原则

（1）贯彻先进先出、后进后出、推陈出新的原则。

（2）凭证发货的原则。

（3）严格遵守仓库有关出库的各项规章制度的原则。

（4）提高服务质量，满足用户需要的原则。

#### （二）商品出库的依据

商品出库必须依据货主开出的《商品调拨通知单》进行。不论在任何情况下，仓库都不得擅自动用、变相动用或者外借货主的库存商品，要坚决杜绝凭信誉或无正式手续的发货。

### 三、商品出库要求

商品出库要求做到"三不三核五检查"。"三不"，即未接单据不翻账，未经审单不备货，未经复核不出库；"三核"，即在发货时，要核实凭证、核对账卡、核对实物；"五检查"，即对单据和实物要进行品名检查、规格检查、包装检查、件数检查、重量检查。

### 四、出库形式

#### （一）送货

仓库根据货主单位预先送来的《商品调拨通知单》，通过发货作业，把应发商品交由运输部门送达收货单位，这种发货形式就是通常所说的送货制。

仓库实行送货，要划清交接责任。仓储部门与运输部门的交接手续，是在仓库现场办理完毕的；运输部门与收货单位的交接手续，是根据货主单位与收货单位签订的协议，一般在收货单位指定的到货地办理。

送货具有"预先付货、接车排货、发货等车"的特点。仓库实行送货具有多方面的好处：仓库可预先安排作业，缩短发货时间；收货单位可避免因人力、车辆等不便而发生的取货困难；在运输上，可合理使用运输工具，减少运费。

仓储部门实行送货业务，应考虑到货主单位不同的经营方式和供应地区的远近，既可向外地送货，也可向本地送货。

#### （二）自提

由收货人或其代理持《商品调拨通知单》直接到库提取，仓库凭单发货，这种发货形式就是仓库通常所说的提货制；它具有"提单到库，随到随发，自提自运"的特点。为划清交接责任，仓库发货人与提货人在仓库现场，对出库商品当面交接清楚并办理签收手续。

#### （三）过户

过户是一种就地划拨的形式，商品虽未出库，但是所有权已从原存货户转移到新存货户。仓库必须根据原存货单位开出的正式过户凭证，才予办理过户手续。

#### （四）取样

货主单位出于对商品质量检验、样品陈列等需要，到仓库提取货样。仓库也必须根据正式取样凭证才予发给样品，并做好账务记载。

#### （五）转仓

货主单位为了业务方便或改变储存条件，需要将某批库存商品自甲库转移到乙库，即转仓的发货形式；仓库必须根据货主单位开出的正式转仓单，才予办理转仓手续。

## 五、作业程序

出库程序包括核单备料→复核→包装→点交→登账→现场和档案的清理过程。

### （一）核单备料

发放商品必须有正式的出库凭证，严禁无单或白条发料；保管员接到出库凭证后，应仔细核对。首先，要审核出库凭证的合法性和真实性；其次，核对商品品名、型号、规格、单价、数量、收货单位、到站、银行账号；最后，审核出库凭证的有效期等；如属自提商品，还须检查有无财务部门准许发货的签章。

在对《商品调拨通知单》所列项目进行核查之后，才能开始备料工作。出库商品应附有质量证明书或抄件、磅码单、装箱单等。机电设备等配件产品，其说明书及合格证应随货同到；备料时应本着"先进先出、易霉易坏先出、接近失效期先出"的原则，根据领料数量下堆备料或整堆发料；备料的计量实行"以收代发"，即利用入库检验时的一次清点数，不再重新过磅；备料后要及时变动料卡余额数量，填写实发数量和日期等。

### （二）复核

为防止差错，备料后应立即进行复核；出库的复核形式主要有专职复核、交叉复核和环环复核3种。除此之外，在发货作业的各道环节上，都贯串着复核工作。例如，理货员核对单货，守护员（门卫）凭票放行，账务员（保管会计）核对账单（票）等。这些分散的复核形式，起到分头把关的作用，都有助于提高仓库发货业务的工作质量。复核的主要内容包括品种数量是否准确，商品质量是否完好，配套是否齐全，技术证件是否齐备，外观质量和包装是否完好等。复核后保管员和复核员应在《商品调拨通知单》上签名。

### （三）包装

出库的货物如果包装不符合运输要求，应进行再次包装。根据商品外形特点，选用适宜包装材料，其重量和尺寸应便于装卸和搬运；出库商品包装，要求干燥、牢固，如有破损、潮湿、捆扎松散等不能保障商品在运输途中安全的，应负责加固整理，做到破包备箱不出库；此外，各类包装容器，若外包装上有水湿、油迹、污损，均不许出库；另外，在包装中严禁互相影响或性能互相抵触的商品混合包装；包装后，要写明收货单位、到站、发货号、本批总件数、发货单位等。

### （四）点交

商品经复核后，如果是本单位内部领料，则将商品和单据当面点交给提货人，办清交接手续。如系送料或将商品调出本单位办理托运的，则与送料人员或运输部门办理交接手续，当面将商品交点清楚。交清后，提货人员应在出库凭证上签章。

## （五）登账

点交后，保管员应在出库单上填写实发数、发货日期等内容，并签名。然后将出库单连同有关证件资料，及时交给货主，以使货主办理货款结算。保管员把留存的一联出库凭证交给实物明细账登记人员登记做账。

## （六）清理

现场清理包括清理库存商品、库房、场地、设备和工具等；档案清理是指对收发、保养、盈亏数量和垛位安排等情况进行分析。

在整个出库业务程序过程中，复核和点交是两个最为关键的环节；复核是防止差错的重要和必不可少的措施，而点交则是划清仓库和提货方两者责任的必要手段。

【实训要求】

1. 每小组轮流完成货物的出库作业。

2. 各小组成员需每人交替担任不同角色。

3. 各小组成员需每人填写提货单、出库单、出库复核表各一份，且填写清楚、准确。

4. 每一张单货物种类 2~4 种，每种货的订货数在 100 个以下。

5. 客户所在区域：东湖区、西湖区、昌北、青云谱。

6. 价格要求：制单员自定，但同种产品的价格小组内必须统一。

7. 实训时间每小组限时 20 分钟。

【实训地点】

物流实训中心。

【实训时间安排】

整个实训过程安排 2 课时。

【实训工具】

塑料托盘 2 个、纸箱 10 个、模拟货物、笔、《提货单》、《出库单》、《出库复核表》样本。

表 5-11　　　　　　　　　　　　　提货单

提货单位：　　　　　　　　　编号 No：　　　　　　　　　　年　月　日

提货地址：

仓库电话：

| 序号 | 产品编号 | 产品名称 | 规格 | 单位 | 数量 | 备注 |
|------|---------|---------|------|------|------|------|
|      |         |         |      |      |      |      |
|      |         |         |      |      |      |      |
|      |         |         |      |      |      |      |

提货人（签字）：　　　　　　　　　　　　　发货人（签字）：

**表 5 – 12**                            **出库单**

客户名称：                      客户编号 No：                       年 月 日

客户地址：

客户电话：

| 序号 | 产品编号 | 产品名称 | 规格 | 单位 | 应发数量 | 实发数量 | 货位号 |
|---|---|---|---|---|---|---|---|
|  |  |  |  |  |  |  |  |
|  |  |  |  |  |  |  |  |
|  |  |  |  |  |  |  |  |
|  |  |  |  |  |  |  |  |
| 交货时间 |  |  |  |  |  |  |  |
| 交货地点 |  |  |  |  |  |  |  |
| 注意事项 |  |  |  | 交易条款 |  |  |  |

仓管员（签字）：                          收货人（签字）：

**表 5 – 13**                         **出库复核表**

编号：                                            日期：年 月 日

| 序号 | 出库日期 | 货物名称 | 货物编号 | 货物规格 | 数量 | 批号 | 提货单位 | 发货人 | 质量情况 |
|---|---|---|---|---|---|---|---|---|---|
|  |  |  |  |  |  |  |  |  |  |
|  |  |  |  |  |  |  |  |  |  |
|  |  |  |  |  |  |  |  |  |  |
|  |  |  |  |  |  |  |  |  |  |
|  |  |  |  |  |  |  |  |  |  |
|  |  |  |  |  |  |  |  |  |  |
|  |  |  |  |  |  |  |  |  |  |
| 审核人意见 |  |  |  |  |  |  |  |  |  |

**【实训步骤】**

1. 将全班学生进行分组，一组 4 人，其中 1 人担当信息员、1 人担当提货人、1 人担当保管员、1 人担当复核员，以小组为单位完成该项实训任务。

2. 首先由信息员根据订货信息填写好出库单，将出库单转给保管员，提货员填写好提货单。

3. 保管员根据出库单所列货物，对站台上备料货物的名称、规格、数量等进行检查。

4. 复核员根据出库单现场核对名称、规格、数量等，确认无误后签字。

5. 仓管员根据出库单清点核查货物，同时提货员在一旁监察，货物核查完毕后，与提货员交接货物。

6. 仓管员根据实际出库情况填写出库单实发数量，并签上自己的名字，提货员在出库单相应位置签字确认，同时，仓管员按照提货员的要求在提货单相应位置签字确认。

7. 比较小组中各个成员操作的优缺点，评选出该小组最佳。

8. 由实训教师对实训效果进行总结和评价。

【注意事项】

1. 在实训作业过程中，学生要严肃认真，按要求填写单证，单证填写要准确无误。

2. 小组成员应注意变换不同的角色，完成实训作业。

3. 对于订单中非常重要的内容，需要跟客户着重核实沟通。

4. 进行货物名称、规格、数量核查时，必须认真细致，以免漏查和错查。

【实训评价】

表 5 - 14　　　　　　　　　　出库作业训练评价

| 考评人 | | | 被考评人 | |
|---|---|---|---|---|
| 考评地点 | | | | |
| 考评内容 | | 出库作业能力 | | |
| 考评标准 | 具体内容 | | 分值（分） | 实际得分（分） |
| | 实训态度 | | 10 | |
| | 单证填写 | | 25 | |
| | 检查货物 | | 25 | |
| | 复核货物 | | 20 | |
| | 点交货物 | | 20 | |
| 合　计 | | | 100 | |

注：考评满分为 100 分，60 ~ 70 分为及格；71 ~ 80 分为中；81 ~ 90 分为良好；91 分以上为优秀。

# 项目六　3D仓储系统实训

# 任务一　基本资料输入

**【任务情景】**

一批中职毕业生进入江西省诚信仓配中心实习，人事部主管对他们进行新员工上岗前培训。为了让他们尽快熟悉企业业务，了解工作内容，培训内容之一为使用 3D 仓储系统。此次培训任务是完善 3D 仓储系统基本资料。

**【实训目标】**

学生通过本任务的实训，能申请账号；进入学生用户对应角色动画操作场景完成基本资料管理。

**【实训相关知识】**

一、创立学生账号

打开华软 3D 仓储系统进入"登录界面"如图 6 – 1 所示。

**图 6 – 1　华软 3D 仓储系统登录界面**

点击"注册"进入用户注册界面（如图 6 – 2 所示）选"学生"定义用户名称、密码、学号、班级等各项，单击"确认"返回主界面。

二、基本资料管理

打开华软 3D 仓储系统进入用户登录界面，输入学生账号，选择自由练习操作，点击登录按钮。学生用户登录后，进入学生用户对应角色动画操作场景，如图 6 – 3 所示。

## 用户注册信息

| | |
|---|---|
| 注册类型 | ⦿ 学生　○ 教师 |
| 用户编号 | |
| 用户名称 | ＿＿＿＿＿＿＿＿＿＿ * |
| 用户密码 | ＿＿＿＿＿＿＿＿＿＿ * |
| 确认密码 | ＿＿＿＿＿＿＿＿＿＿ |
| 学号 | ＿＿＿＿＿＿＿＿＿＿ * |
| 班级编号 | 物流一班　▼ |

⊘ 确定　　🖴 取消

图 6 - 2　学生账号注册界面

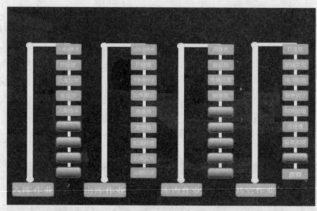

图 6 - 3　对应角色操作场景

1. 模拟 IT 文员角色

（1）选择"货物种类信息"项进入货物种类管理页面，单击"添加"弹出定义货物种类信息的界面，单击"查询"按钮显示出货物的种类信息，如图 6 - 4 所示。

图 6 - 4　货物种类管理

（2）选择"计量单位"项进入计量单位管理页面，点击"添加"按钮定义新的计量单位；点击"查询"按钮显示出计量单位信息列表，单击"编辑"可以修改计量单位信息，如图6-5所示。

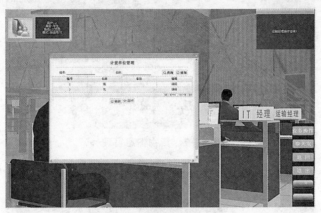

图6-5　计量单位管理

（3）选择"货物信息表"项进入货物信息管理页面，单击"添加"按钮弹出货物详细信息定义页面，填写完每一项信息点击保存即可，如图6-6所示；点击"查询"按钮显示出货物信息列表，单击"编辑"可以修改货物信息，如图6-7所示。

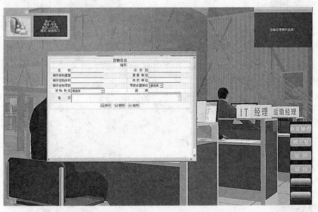

图6-6　货物信息

（4）点击"仓储出库台信息"，点击"添加"按钮定义新的出库台信息；点击"查询"按钮显示出各出库台的基本信息，然后可以在查询出的出库台管理列表左侧操作中可对其出库台进行修改和删除，如图6-8所示。

（5）选择"货位设置"项进入仓储货位设置页面，点击"添加"按钮弹出仓储货位设置定义页面，填写完每一项信息点击保存即可，如图6-9所示；点击"查询"按钮显示出货位货物信息列表，单击"编辑"可以修改货位信息，如图6-10所示。

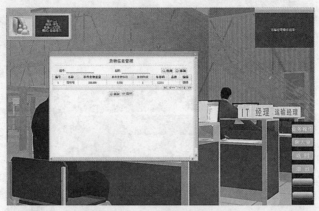

图 6 - 7 货物信息管理

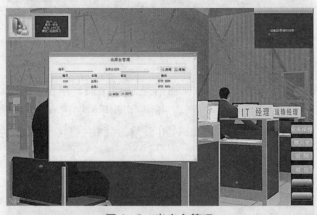

图 6 - 8 出库台管理

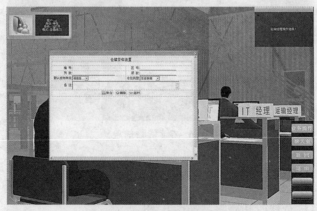

图 6 - 9 仓储货物设置

（6）选择"分拣区货物信息"项进入分拣区货物信息管理页面，点击"添加"按钮后定义分拣区编号，货物名称和客户名称等信息单击保存即可，如图 6 - 11 所示；点击"查询"按钮显示出分拣区货物信息列表，单击"编辑"可以修改分拣区货物信息，如图 6 - 12 所示。

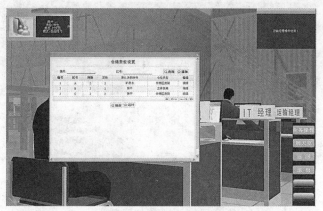

图 6 – 10　仓储货位设置

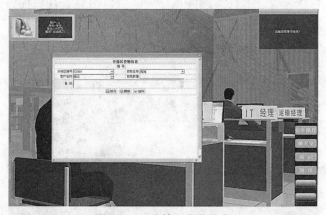

图 6 – 11　分拣区货物信息

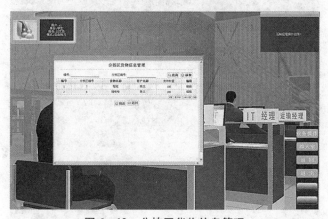

图 6 – 12　分拣区货物信息管理

（7）选择"分拣区货位信息"项进入分拣区货位信息管理页面，点击"查询"按钮显示出分拣区货位信息列表，单击"编辑"进入分拣货位信息可以删除分拣区货位，如图 6 – 13 所示。

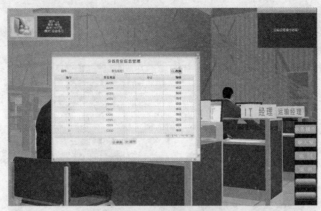

图 6 – 13　分拣货位信息管理

（8）选择"存货区货位信息"项进入存货区货位信息管理页面，选择货位状态点击"查询"按钮显示出货位信息列表，如图 6 – 14 所示；单击"编辑"修改存货区货位信息，如图 6 – 15 所示。

图 6 – 14　存货区货位信息管理

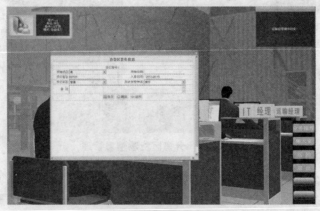

图 6 – 15　存货区货位信息

2. 模拟客服文员角色，对客户进行添加、删除或者客户信息修改管理

点击"查询"按钮显示出各客户的基本信息，单击"编辑"可以修改客户详细信息，如图 6 – 16 所示；点击"添加"按钮定义新的客户信息，如图 6 – 17 所示。

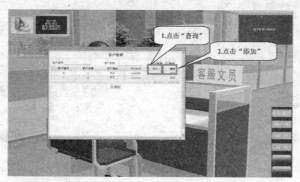

图 6 – 16　客户管理

图 6 – 17　客户信息管理

3. 模拟财务会计角色

（1）点击"收费项目"，首先单击"查询"按钮显示出各收费项目的基本信息，然后可以在查询出的项目列表左侧操作对其项目进行修改和删除，如图 6 – 18 所示；点击"添加"按钮定义新的收费项目信息。

图 6 – 18　收费项目管理

（2）点击"客户合同"，首先单击"查询"按钮显示出各客户合同的基本信息，然后可以在查询出的合同管理列表左侧操作，对其项目进行修改和删除，如图6-19所示；点击"添加"按钮定义新的仓储客户合同信息。

图6-19　仓储客户合同管理

（3）点击"仓储结算"，点击"添加"按钮定义新的结算单据详细信息，如图6-20所示，再对此单据"添加明细"，先选择合同编号再选择合同行号，添加完信息单击保存即可，如图6-21所示；选择单据类型单击"查询"按钮显示出客户结算单据的基本信息列表，然后可以在查询出的仓储结算管理列表左侧操作，对其单据进行修改和删除。

图6-20　仓储结算详细信息

（4）点击"费用核销"，点击"添加"按钮定义新的费用核销详细信息，如图6-22所示；点击"查询"按钮显示出各费用核销的基本信息，然后可以在查询出的费用核销管理列表左侧操作，对其出库台进行修改和删除，如图6-23所示。

图6-21 仓储结算从表信息

图6-22 仓储费用核销

图6-23 仓储费用核销管理

4. 模拟财务经理角色

（1）点击"仓储结算确认"，选择单据类型单击"查询"按钮显示出各待确认的结算单据，如图6-24所示；在查询出的单据列表左侧操作中单击"查看"进入仓储结算详细信息，点击"确认"按钮即可，如图6-25所示。

（2）点击"结算历史记录"，选择单据类型单击"查询"按钮显示出之前各确认

图 6 - 24　仓储结算确认管理

图 6 - 25　仓储结算详细信息

的结算单据列表，在查询出的单据列表左侧操作中单击"查看"进入仓储结算详细信息，如图 6 - 26 所示。

图 6 - 26　仓储结算明细历史记录

5. 模拟总经理角色

（1）点击"仓库使用率统计"，选择货位类型单击"查询"按钮显示出各货架使用的信息，如图 6 - 27 所示。

图6-27 仓储使用率统计

（2）点击"超期客户合同报警"，可以选择已到期合同单击"查询"显示目前已到期的合同信息；也可以选择输入到期合同号的到期天数单击"查询"，如图6-28所示。

图6-28 超期客户合同报警

【实训要求】

1. 定义用户名称、学号、班级等各项内容均为真实的信息。

2. 按照老师的要求认真填写信息，且前后呼应。

【实训地点】

校物流实训中心。

【实训时间安排】

整个实训过程安排1课时。

【实训工具】

老师统一给定本任务所需货物种类、计量单位、货物信息、仓储出库台信息、货位设置、分拣区货物信息、分拣区货位信息、存货区货位信息、客户详细信息、收费项目、客户合同信息等资料、华软3D仓储系统交互软件。

【实训步骤】

1. 每位学生申请自己的独立账号，用户名即自己的中文名称，密码自拟，班级选择自己所在班级名称，学号为真实学号。

2. 教师审批通过后即可进行操作。

3. 学生在教师指导下，模拟各种角色填写基本资料。

4. 由实训教师对实训效果进行总结和评价。

## 【注意事项】

1. 在模拟训练过程中，学生要严肃认真，严格按要求填写信息，填写项目要准确无误。

2. 业务操作时表单产品项目、数据繁杂，填写过程必须认真细致，前后呼应，否则极易因漏填或错填导致任务无法完成。

## 【实训评价】

表 6－1　　　　　　　　　　账号申请与基本资料管理能力训练评价

| 考评人 | | 被考评人 | |
|---|---|---|---|
| 考评地点 | 物流实训室 | | |
| 考评内容 | 各角色基本资料管理能力 | | |
| 考评标准 | 具体内容 | 分值（分） | 实际得分（分） |
| | 训练工作态度 | 15 | |
| | IT 文员角色 | 40 | |
| | 客服文员角色 | 5 | |
| | 财务会计角色 | 20 | |
| | 财务经理角色 | 10 | |
| | 总经理角色 | 10 | |
| 合　计 | | 100 | |

注：考评满分为 100 分，60～70 分为及格；71～80 分为中；81～90 分为良好；91 分以上为优秀。

# 任务二 入库作业流程操作

**【任务情景】**

一批中职毕业生进入江西省诚信仓配中心实习，人事部主管对他们进行新员工上岗前培训。为了让他们尽快熟悉企业业务，了解工作内容，培训内容之一为使用3D仓储系统。此次培训任务是入库作业流程操作。

**【实训目标】**

学生通过本任务的实训，担当不同角色完成相应任务，以此掌握入库作业流程操作。

**【实训相关知识】**

## 一、入库计划管理

模拟入库业务员角色，制订入库计划，录入入库计划单相关数据。

打开"入库计划制作"项单击"添加"按钮，进入入库计划单界面（如图6-29所示）首先指定客户编号、客户合同、送货车牌号等相关信息点击表下方的"保存"按钮，保存此入库计划单据。之后再点击"添加明细"按钮（如图6-30所示），在弹出的入库计划从单列表中指定货物编号、件数、零数、存仓类型等相关信息后并保存。将整个入库计划单的所有相关货物信息定义完善后，最后再点击"确认"按钮，确认此入库计划单据开始生效。

打开"入库计划查询"项单击"查询"，可以查看以前所定义的相关入库货物信

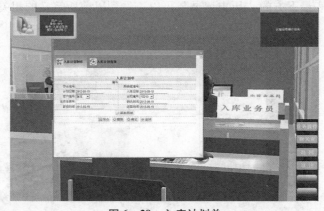

**图6-29　入库计划单**

图 6 – 30　入库计划从单

息（如图 6 – 31 所示）。

图 6 – 31　入库计划历史记录

## 二、入库计划审核

模拟 IT 经理角色，审核入库计划操作。

打开"入库计划操作"项单击"查询"按钮，在入库计划单列表右边编辑栏点击"审核"（如图 6 – 32 所示），进入入库计划单详细信息，单击"确认"，此入库计划单审核通过。点击表最下方的"历史记录"可以查看到以前所定义的相关入库货物信息。

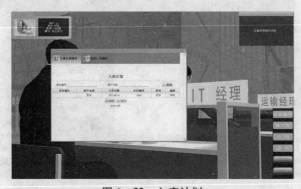

图 6 – 32　入库计划

### 三、入库卸货

模拟入库叉车角色，对已到达的货物做卸货确认。

进入入库计划点击"查询"查看相关的入库计划单据（如图6-33所示），选定要做卸货确认的单据，点击单据中的"卸货"，在弹出的入库计划单界面（如图6-34所示），查看相关数据后按"确认"，开始入库卸货并播放相关动画。

图6-33　入库计划

图6-34　入库计划单

### 四、入库卸货

模拟收货员角色，对已卸货的货物做理货和组托操作。

（1）进入"入库理货操作"点击"查询"查看相关的入库计划单据（如图6-35所示），选定要做理货确认的单据，点击单据中的"理货"，在弹出的入库计划单界面（如图6-36所示），查看相关数据后按"确认"，开始理货并播放相关动画。

（2）进入"货物组托操作"点击"查询"查看相关的入库计划单据（如图6-37所示），选定要做收货确认的单据，点击单据中的"收货"，在弹出的入库计划单界面（如图6-38所示），点击"组托"进入货物明细，填入组托数量和存放货物，单击"确定"（如图6-39所示），然后返回到入库计划单点击"确定"，组托成功并播放相关动画。

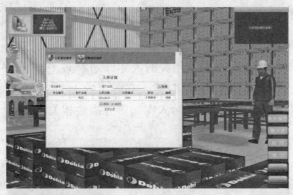

图 6 – 35　入库计划

图 6 – 36　入库计划单

图 6 – 37　入库计划

## 五、入库上架

模拟入库拖车角色，对已组托完的货物进行上架操作。

进入入库计划点击"查询"查看相关的入库计划单据（如图 6 – 40 所示），选定要做上架确认的单据，点击单据中的"上架"，显示出货物组托列表界面（如图 6 – 41 所示）单击"确认"，然后在弹出组托信息明细后点击确认即可，开始入库上架并播放相关动画。

图 6 - 38  入库计划单

图 6 - 39  货物明细

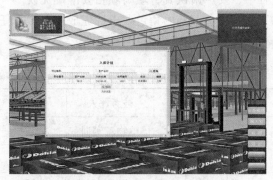

图 6 - 40  入库计划

【实训要求】

　　根据老师的要求内容、进度，认真填写信息，且前后呼应。

【实训地点】

　　校物流实训中心。

【实训时间安排】

　　整个实训过程安排 2 课时。

图6-41　货物组托列表

## 【实训工具】

华软3D仓储系统交互软件及相关资料。

## 【实训步骤】

1. 打开华软3D仓储系统进入用户登录界面用学生账号登录。

2. 学生在教师指导下，依次模拟入库业务员、IT经理、入库叉车、收货员、入库拖车五个角色，进行入库计划管理、入库计划审核、入库卸货、入库上架等操作，完成入库作业流程。

3. 由实训教师对实训效果进行总结和评价。

## 【注意事项】

1. 在模拟训练过程中，要严肃认真，填写项目要准确无误。

2. 应根据不同的工作场景、不同的角色要求，完成业务操作任务。

## 【实训评价】

表6-2　　　　　　　　　　　入库作业流程操作能力训练评价

| 考评人 | | 被考评人 | |
|---|---|---|---|
| 考评地点 | 物流实训室 | | |
| 考评内容 | 入库作业流程操作能力 | | |
| 考评标准 | 具体内容 | 分值（分） | 实际得分（分） |
| | 训练工作态度 | 15 | |
| | 入库计划管理 | 15 | |
| | 入库计划审核 | 15 | |
| | 叉车入库卸货操作 | 15 | |
| | 收货员入库卸货操作 | 25 | |
| | 入库上架 | 15 | |
| 合　计 | | 100 | |

注：考评满分为100分，60~70分为及格；71~80分为中；81~90分为良好；91分以上为优秀。

# 任务三　出库作业流程操作

**【任务情景】**

　　一批中职毕业生进入江西省诚信仓配中心实习，人事部主管对他们进行新员工上岗前培训。为了让他们尽快熟悉企业业务，了解工作内容，培训内容之一为使用 3D 仓储系统。此次培训任务是出库作业流程操作。

**【实训目标】**

　　学生通过本任务的实训，担当不同角色完成相应任务，掌握出库作业流程操作。

**【实训相关知识】**

## 一、出库计划管理

　　模拟出库业务员角色，制订出库计划，录入出库计划单相关数据。

　　（1）打开"出库计划制作"模块，进入出库计划管理界面（如图 6 - 42 所示），单击"添加"按钮，首先指定客户名称、收货单位、提单号等相关信息点击表下方的保存按钮，保存此出库计划单据。然后先点击左侧"添加明细"按钮（如图 6 - 43 所示），进入整件出库单界面，指定条码和出库台的信息后单击保存并返回，再点击右侧"添加明细"按钮，进入出库计划从单界面，指定货物名称和零数的信息后单击保存并返回，最后点击"确认"此出库计划单生成。

图 6 - 42　出库计划

　　（2）打开"出库计划查询"模块，单击"查询"进入出库计划历史记录界面（如图 6 - 44 所示），可以查看出库计划单的状态。

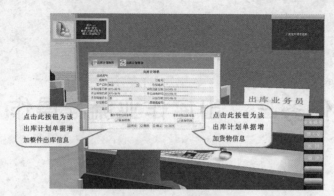

图 6 – 43 出库计划单

图 6 – 44 出库计划历史记录

## 二、出库计划审核

模拟 IT 经理角色，对制定的出库计划单进行审核。

打开"出库计划操作"模块，单击"查询"可以查看到需要审核的出库单据（如图 6 – 45 所示），选择要操作的单据后单击单据中的"审核"，弹出出库计划单的详细信息单击"确认"（如图 6 – 46 所示），审核成功并此出库计划单据开始生效。

点击出库计划下方的"历史记录"可以查看到所有单据的状态信息。

图 6 – 45 出库计划

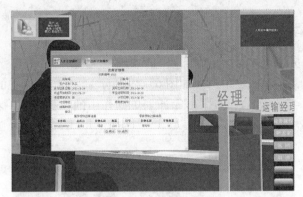

图 6－46　出库计划单

### 三、货物下架

模拟下架操作员角色，将要出库的货物进行下架操作。

进入出库计划，显示出要下架的单据（如图 6－47 所示），单击单据中的"查看"弹出出库计划单（如图 6－48 所示），点击出库计划单操作中的"下架"，下架成功并播放相应的动画。

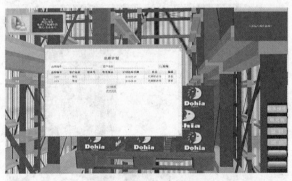

图 6－47　出库计划

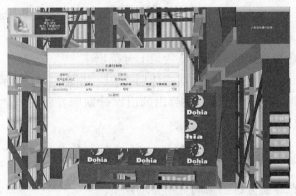

图 6－48　出库计划单

## 四、货物搬运

模拟出库搬运员角色，对已出库下架的货物做搬运操作。

进入出库计划，显示出货单据（如图6-49所示），单击单据中的"查看"弹出出库计划单（如图6-50所示），点击出库计划单操作中的"搬运"，搬运成功并播放相应的动画。

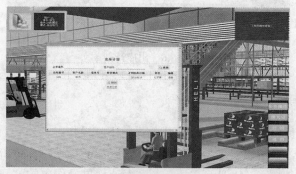

图6-49 出库计划

图6-50 出库计划单

## 五、出库作业分配

模拟拣选员角色，将出库的货物从货架上分拣出来。

进入出库计划，显示出未拣选单据的计划列表（如图6-51所示），选定要拣选的单据编号，点击单据中的"拣选"，在弹出的出库计划单界面点击"确认"按钮即可，拣选成功并播放相应的动画。

## 六、出库货物发货

模拟发货员角色，将分拣出来的货物整理发货。

进入出库计划，显示出未发货单据的计划列表（如图6-52所示），选定要发货的

图6-51　出库计划

单据编号，点击单据中的"发货"，在弹出的出库计划单界面点击"确认"按钮即可，发货成功并播放相应的动画。

图6-52　出库计划

## 七、出库作业确认

模拟配送经理角色，对已出库下架的货物做最后的确认。

进入出库作业列表界面（如图6-53所示），点击要出库作业确认货物的"作业确认"按钮，在弹出的界面点击"确认"即可。

图6-53　出库计划

## 八、货物装车配载

模拟出库叉车角色，对要配送的货物进行装车管理。

进入出库作业列表界面（如图 6 - 54 所示），点击要出库货物的"装箱配载"按钮，在弹出的界面点击"确认"此配载单生效。

图 6 - 54　出库计划

## 九、出库发车

模拟运输经理角色，对已配载好的货物进行发车确认。

进入出库作业列表界面（如图 6 - 55 所示），选定要发车的配载编号点击要出库货物的"完成确认"按钮，在弹出的界面点击"确认"即可。出库完成并播放相应的动画。

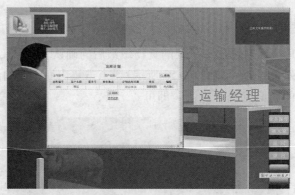

图 6 - 55　出库计划

【实训要求】

根据老师的要求内容、进度，认真填写信息，且前后呼应。

【实训地点】

校物流实训中心。

## 【实训时间安排】

整个实训过程安排 4 课时。

## 【实训工具】

华软 3D 仓储系统交互软件及相关资料。

## 【实训步骤】

1. 用学生账号登录进入华软 3D 仓储系统。

2. 学生在教师指导下，依次模拟出库业务员、IT 经理、下架操作员、出库搬运员、拣选员、发货员、配送经理、出库叉车、运输经理九个角色，进行出库计划管理、出库计划审核、货物下架、货物搬运、出库作业分配、出库货物发货、出库作业确认、货物装车配载、出库发车等操作，完成出库作业流程。

3. 由实训教师对实训效果进行总结和评价。

## 【注意事项】

1. 在模拟训练过程中，要严肃认真，填写项目要准确无误。

2. 应根据不同的工作场景、不同的角色要求，完成业务操作任务。

## 【实训评价】

表 6 - 3　　　　　　　　　　出库作业流程操作能力训练评价

| 考评人 | | 被考评人 | |
|---|---|---|---|
| 考评地点 | 物流实训室 | | |
| 考评内容 | 出库作业流程操作能力 | | |
| | 具体内容 | 分值（分） | 实际得分（分） |
| | 训练工作态度 | 15 | |
| | 出库计划管理 | 20 | |
| | 出库计划审核 | 10 | |
| | 货物下架操作 | 10 | |
| | 货物搬运操作 | 10 | |
| | 出库作业分配 | 7 | |
| | 出库货物发货 | 7 | |
| | 出库作业确认 | 7 | |
| | 货物装车配载 | 7 | |
| | 出库发车 | 7 | |
| 合　计 | | 100 | |

注：考评满分为 100 分，60～70 分为及格；71～80 分为中；81～90 分为良好；91 分以上为优秀。

# 任务四　在库管理操作

**【任务情景】**

一批中职毕业生进入江西省诚信仓配中心实习，人事部主管对他们进行新员工上岗前培训。为了让他们尽快熟悉企业业务，了解工作内容，培训内容之一为使用3D仓储系统。此次培训任务是在库管理操作。

**【实训目标】**

学生通过本任务的实训，担当不同角色完成相应任务，掌握盘点管理、货物管理等在库管理操作。

**【实训相关知识】**

一、盘点管理操作

企业要定期进行盘点，减少因库存的损失而给仓储物流企业带来的损失，同时也是对客户的高度负责。通过盘点盈余来及时调整物流企业库存的差异。

1. 生成盘点表

模拟盘点员角色，打开"生成盘点表"项，进入盘点表管理界面，首先录入盘点名并选定盘点的类型再点击开始盘点，系统自动根据所指定的盘点类型产生一张相关的盘点单据，最后再保存此单（如图6-56所示）。

**图6-56　实时盘点添加**

2. 盘点实存录入

模拟盘点员角色，输入要盘点货物的实际数量，更新库存。

　　打开"盘点实存录入"项，单击"查询"按钮进入盘点列表界面查看到相关的盘点单据（如图 6－57 所示）。选定要实存录入的单据编号点击"实存录入"，在弹出的界面根据实际的情况录入实存数，单击"确定"即可（如图 6－58 所示）。

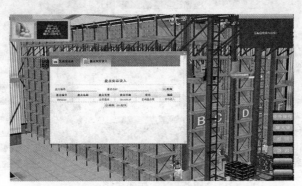

图 6－57　盘点实存录入

图 6－58　盘点表

　　3. 盘点审核
　　模拟仓储经理角色，对盘点表进行审核确认。
　　打开"审核盘点表"，进入盘点审核列表界面（如图 6－59 所示），点击"查询"便可查看到要审核的盘点单据。选定要审核的单据编号点击"盘点审查"，在弹出的界面点击"确认"按钮即可。

　　二、货物管理操作

　　1. 货物调拨
　　模拟调拨员角色，查询仓储系统的库存情况。
　　进入补货记录列表界面（如图 6－60 所示），点击"添加"按钮弹出添加补货记录页面，选择货物的条码单击"保存"再点击"确定"即可。
　　2. 库存货物查询
　　模拟仓储经理角色，查询仓储系统的库存情况。

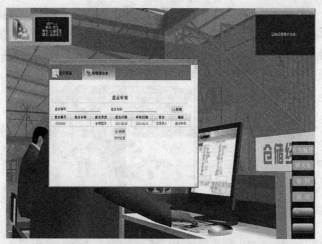

图 6-59　盘点审核

图 6-60　补货记录列表

　　打开"库存查询",进入库存数据列表界面(如图 6-61 所示),选定要查看的客户编号,点击要查看的存货区类型即可查看到存货区的货物信息。

图 6-61　库存数据查询

3. 货物移库

模拟移库员角色，将货物移动到指定的存放货位。

进入移库员管理界面（如图6-62所示），点击"查询"显示出要移库的信息单列表，选定操作的条码点击"移库作业"，在弹出的窗口点击确认即可。

图6-62　移库员管理

【实训要求】

根据老师的要求内容、进度，认真填写信息，且前后呼应。

【实训地点】

校物流实训中心。

【实训时间安排】

整个实训过程安排2课时。

【实训工具】

华软3D仓储系统交互软件及相关资料。

【实训步骤】

1. 用学生账号登录华软3D仓储系统。

2. 在教师指导下，先后模拟盘点员、仓储经理这两个角色，打开相应操作项单进入对应界面，进行生成盘点表、盘点实存录入、盘点审核等操作，完成盘点管理。

3. 依次模拟调拨员、仓储经理、移库员三个角色，进行货物调拨、库存货物查询、货物移库等操作，完成货物管理。

4. 由实训教师对实训效果进行总结和评价。

【注意事项】

1. 在模拟训练过程中，要严肃认真，填写项目要准确无误。

2. 应根据不同的工作场景、不同的角色要求，完成业务操作任务。

## 【实训评价】

表 6 - 4　　　　　　　　　盘点管理操作能力训练评价

| 考评人 | | 被考评人 | |
|---|---|---|---|
| 考评地点 | 物流实训室 | | |
| 考评内容 | 盘点管理操作能力 | | |
| 考评标准 | 具体内容 | 分值（分） | 实际得分（分） |
| | 训练工作态度 | 15 | |
| | 生成盘点表操作 | 14 | |
| | 盘点实存录入操作 | 15 | |
| | 盘点审核 | 14 | |
| | 货物调拨 | 14 | |
| | 库存货物查询 | 14 | |
| | 货物移库操作 | 14 | |
| 合　计 | | 100 | |

注：考评满分为 100 分，60~70 分为及格；71~80 分为中；81~90 分为良好；91 分以上为优秀。

# 任务五 电子标签分拣操作

**【任务情景】**

一批中职毕业生进入江西省诚信仓配中心实习，人事部主管对他们进行新员工上岗前培训。为了让他们尽快熟悉企业业务，了解工作内容，培训内容之一为使用3D仓储系统。此次培训任务是电子标签分拣操作。

**【实训目标】**

学生通过本任务的实训，担当不同角色完成相应任务，以此掌握电子标签分拣操作。

**【实训相关知识】**

以学生身份登录，对生成的电子标签进行分拣操作。

用生成电子标签时指定的班级的学生身份登录，选择电子标签角色及业务操作，进入学生电子标签分拣管理界面，单击"查询"显示出电子标签分拣列表（如图6－63所示），选定要分拣的编号单击"进行分拣"，在弹出的页面点击确定后电子标签开始分拣（如图6－64所示），点击每个货位数字旁的黑色按钮直至货位数字都显示为零，则电子标签分拣结束（如图6－65所示）。

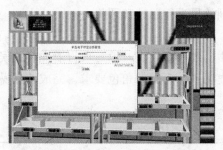

**图6-63 学生电子标签分拣管理**

**【实训要求】**

根据老师要求的内容、进度，认真填写信息，且前后呼应。

**【实训地点】**

校物流实训中心。

**【实训时间安排】**

整个实训过程安排1课时。

图 6-64　电子标签开始分拣

图 6-65　电子标签分拣结束

## 【实训工具】

华软 3D 仓储系统交互软件及相关资料。

## 【实训步骤】

1. 用学生账号登录华软 3D 仓储系统。

2. 在教师指导下，对生成的电子标签进行分拣操作，完成电子标签分拣。

3. 由实训教师对实训效果进行总结和评价。

## 【注意事项】

1. 在模拟训练过程中，要严肃认真，填写项目要准确无误。

2. 应根据不同的工作场景、不同的角色要求，完成业务操作任务。

## 【实训评价】

表 6-5　　　　　　　　　　　　　电子标签分拣能力训练评价

| 考评人 | | 被考评人 | |
| --- | --- | --- | --- |
| 考评地点 | 物流实训室 | | |
| 考评内容 | 电子标签分拣操作能力 | | |
| 考评标准 | 具体内容 | 分值（分） | 实际得分（分） |
| | 训练工作态度 | 15 | |
| | 电子标签分拣操作 | 85 | |
| 合　计 | | 100 | |

注：考评满分为 100 分，60~70 分为及格；71~80 分为中；81~90 分为良好；91 分以上为优秀。

# 项目七 仓储系统业务操作实训

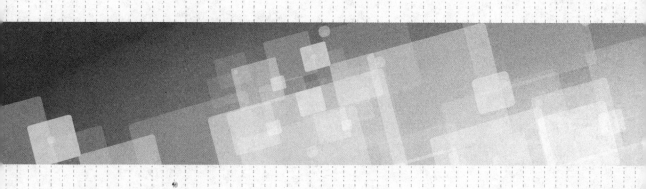

# 任务一 货物管理操作

**【任务情景】**

一批中职生到江西省诚信仓配中心实习，人事部经理对他们进行实习前培训，培训内容为本企业仓储系统操作。本次培训内容为货物管理操作。

**【实训目标】**

学生通过本任务的实训，模拟信息员完成相应任务，掌握货物管理作业流程操作。

**【实训相关知识】**

一、用户登录

在系统用户登录界面输入用户名和密码，进行登录操作，登录界面如图 7 - 1 所示。

**图 7 - 1 用户登录页面**

登录成功后进入"物流技能抽查主页面"如图 7 - 2 所示。

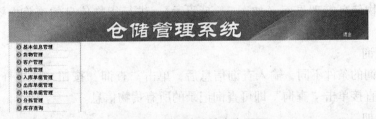

**图 7 - 2 物流技能抽查主页面**

## 二、货物管理

### 1. 计量单位管理

打开计量单位界面（如图 7 - 3 所示），进行计量单位的查询、添加、修改、删除操作。

图 7 - 3　计量单位管理

（1）查询

根据查询的条件不同，输入查询信息后，单击"查询"按钮，即可查询到符合条件的数据。直接单击"查询"即可查询记录的所有计量单位信息。

（2）添加

单击"添加"按钮，即转至计量单位管理添加界面（如图 7 - 4 所示），输入将要添加的相关信息，输入的单位名称不能重复，单击"保存"即可。

图 7 - 4　添加/修改计量单位

（3）修改

单击计量单位信息列表中操作列的"修改"，即转至计量单位管理修改界面（如图7 - 4 所示），输入将要修改的相关信息，单击"保存"即可。

（4）删除

单击计量单位信息列表中操作列的"删除"，即可删除对应的计量单位信息。前提是计量单位处于未被使用的状态。

### 2. 货物信息管理

打开货物信息管理界面（如图 7 - 5 所示），进行货物信息的查询、添加、修改、删除。

（1）查询

根据查询的条件不同，输入查询信息后，单击"查询"按钮，即可查询到符合条件的数据。直接单击"查询"即可查询记录的所有货物信息。

（2）添加

单击"添加"按钮，即转至货物信息管理添加界面（如图7 - 6所示），输入将要添

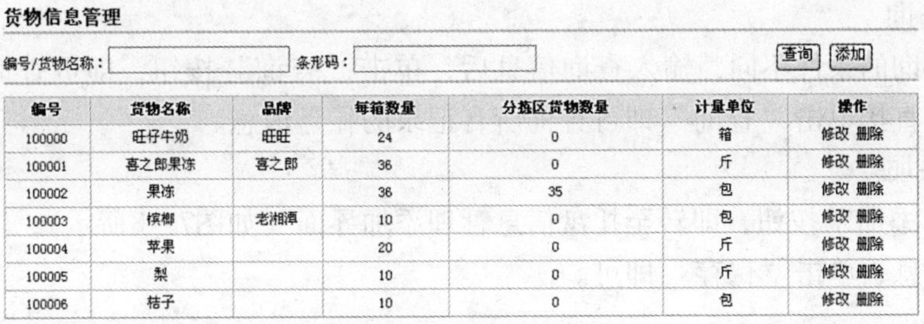


| 编号 | 货物名称 | 品牌 | 每箱数量 | 分拣区货物数量 | 计量单位 | 操作 |
|---|---|---|---|---|---|---|
| 100000 | 旺仔牛奶 | 旺旺 | 24 | 0 | 箱 | 修改 删除 |
| 100001 | 喜之郎果冻 | 喜之郎 | 36 | 0 | 斤 | 修改 删除 |
| 100002 | 果冻 |  | 36 | 35 | 包 | 修改 删除 |
| 100003 | 槟榔 | 老湘潭 | 10 | 0 | 包 | 修改 删除 |
| 100004 | 苹果 |  | 20 | 0 | 斤 | 修改 删除 |
| 100005 | 梨 |  | 10 | 0 | 斤 | 修改 删除 |
| 100006 | 桔子 |  | 10 | 0 | 包 | 修改 删除 |

图 7－5　货物信息管理

加的相关信息，单击“保存”即可。

（3）修改

单击货物信息列表中操作列的“修改”，即转至货物信息管理修改界面（如图7－6所示），输入将要修改的相关信息，单击“保存”即可。

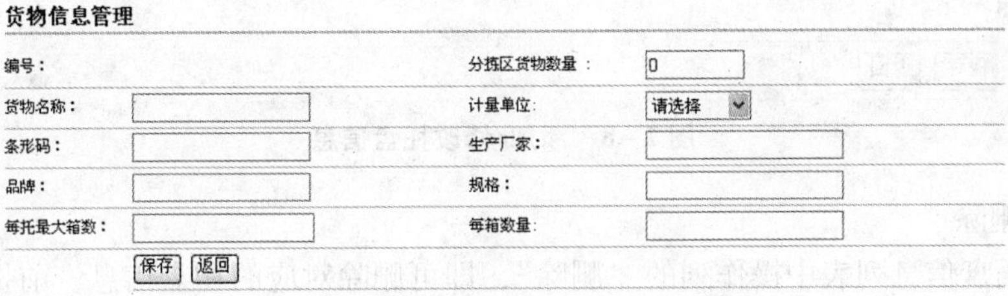


图 7－6　添加/修改货物信息

（4）删除

单击货物信息列表中操作列的“删除”，即可删除对应的货物信息。前提是该货物信息处于未被使用的状态。

货物名称、条码、每托最大箱数、每箱数量不为空且条码不能重复，分拣区货物数量、每托最大箱数、每箱数量只能为数字。

3. 托盘信息管理

打开托盘信息管理界面（如图 7－7 所示），进行托盘信息的查询、添加、修改、删除。

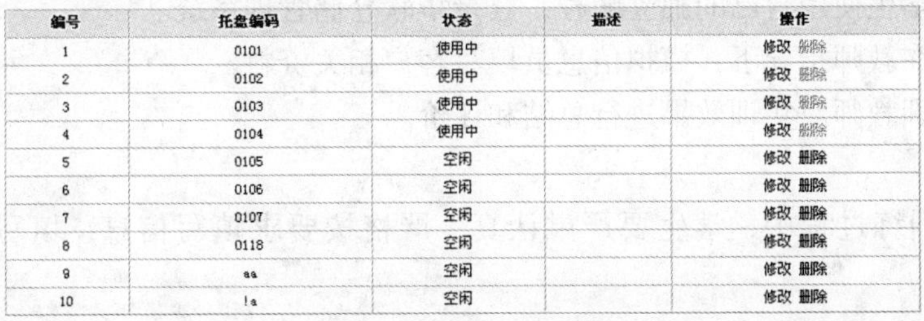


| 编号 | 托盘编码 | 状态 | 描述 | 操作 |
|---|---|---|---|---|
| 1 | 0101 | 使用中 |  | 修改 删除 |
| 2 | 0102 | 使用中 |  | 修改 删除 |
| 3 | 0103 | 使用中 |  | 修改 删除 |
| 4 | 0104 | 使用中 |  | 修改 删除 |
| 5 | 0105 | 空闲 |  | 修改 删除 |
| 6 | 0106 | 空闲 |  | 修改 删除 |
| 7 | 0107 | 空闲 |  | 修改 删除 |
| 8 | 0118 | 空闲 |  | 修改 删除 |
| 9 | aa | 空闲 |  | 修改 删除 |
| 10 | !a | 空闲 |  | 修改 删除 |

图 7－7　托盘信息管理

（1）查询

根据查询的条件不同，输入查询信息后，单击"查询"按钮，即可查询到符合条件的数据。直接单击"查询"即可查询所有记录的托盘信息。

（2）添加

单击"添加"按钮，即转至托盘信息管理添加界面（如图7-8所示），输入将要添加的相关信息，单击"保存"即可。

（3）修改

单击托盘信息列表中操作列的"修改"，即转至托盘信息管理修改界面（如图7-8所示），输入将要修改的相关信息，单击"保存"即可。

**托盘信息管理**

| 编号： | | 托盘编码： | |
| 状态： | 空闲 | | |
| 描述： | | | |

保存 返回

**图7-8 添加/修改托盘信息**

（4）删除

单击托盘信息列表中操作列的"删除"，即可删除对应的托盘信息。前提是该托盘信息处于未被使用的状态。

托盘编码不能重复，托盘的状态有"空闲""使用中"两种状态。

**【实训要求】**

根据老师要求的内容、进度，认真填写信息，且前后呼应。

**【实训地点】**

校物流实训中心。

**【实训时间安排】**

整个实训过程安排1课时。

**【实训工具】**

华软仓储管理系统。

**【实训步骤】**

1. 每位学生使用自己的独立账号，登录华软仓储管理系统。

2. 学生在教师指导下，模拟信息员填写客户相关资料。

3. 由实训教师对实训效果进行总结和评价。

**【注意事项】**

在模拟训练过程中，学生要严肃认真，严格按要求填写信息，填写项目要准确无误。

## 【实训评价】

表 7 – 1　　　　　　　　　　货物管理操作能力训练评价

| 考评人 | | 被考评人 | |
|---|---|---|---|
| 考评地点 | | 物流实训室 | |
| 考评内容 | | 货物管理操作能力 | |
| 考评标准 | 具体内容 | 分值（分） | 实际得分（分） |
| | 训练工作态度 | 20 | |
| | 计量单位 | 20 | |
| | 货物信息 | 30 | |
| | 托盘信息 | 30 | |
| 合　计 | | 100 | |

注：考评满分为100分，60～70分为及格；71～80分为中；81～90分为良好；91分以上为优秀。

# 任务二　客户管理操作

## 【任务情景】

一批中职生到江西省诚信仓配中心实习，人事部经理对他们进行实习前培训，培训内容为本企业仓储系统操作。本次培训内容为客户管理操作。

## 【实训目标】

学生通过本任务的实训，模拟信息员完成相应任务，掌握客户管理作业流程操作。

## 【实训相关知识】

1. 客户信息管理

打开客户信息管理界面（如图7-9所示），进行客户信息的查询、添加、修改、删除操作。

**客户信息管理**

客户编号/客户名称：[          ]　　联系人：[          ]　　　　[查询] [添加]

| 客户编号 | 客户名称 | 客户地址 | 联系电话 | 联系人 | 备注 | 操作 |
|---|---|---|---|---|---|---|
| 1 | 客户1 | | | | | 修改 删除 |
| 2 | 客户2 | | | | | 修改 删除 |
| 3 | kh3 | | | | | 修改 删除 |

图7-9　客户信息管理

（1）查询

根据查询的条件不同，输入查询信息后，单击"查询"按钮，即可查询到符合条件的数据。直接单击"查询"即可查询所有的客户信息记录。

（2）添加

单击"添加"按钮，即转至客户信息管理添加界面（如图7-10所示），输入将要添加的相关信息，单击"保存"即可。

（3）修改

单击客户信息列表中操作列的"修改"，即转至客户信息管理修改界面（如图7-10所示），输入将要修改的相关信息，单击"保存"即可。

（4）删除

单击客户信息列表中操作列的"删除"，即可删除对应的客户信息。前提是该客户信息处于未被使用的状态。

**客户信息管理**

| | | |
|---|---|---|
| 客户编号： | 客户名称： | |
| 客户地址： | 联系电话： | |
| 传真： | 邮编： | |
| 网址： | 联系人： | |
| 电子邮件： | 所在地区： | |
| 报关行： | 备注： | |

保存 返回

**图 7 – 10　添加/修改客户信息**

2. 客户收货点管理

打开客户收货点管理界面（如图 7 – 11 所示），进行客户收货点信息的查询、添加、修改、删除操作。

**客户收货点管理**

编号：　　　　　　收货人名称：　　　　　　　　　　　　　　查询 添加

| 编号 | 收货人名称 | 收货地点 | 负责人 | 联系电话 | 备注 | 操作 |
|---|---|---|---|---|---|---|
| 1 | abc | dd | abc | | | 修改 删除 |

**图 7 – 11　客户收货点管理**

（1）查询

根据查询的条件不同，输入查询信息后，单击"查询"按钮，即可查询到符合条件的数据。直接单击"查询"即可查询所有的客户收货点信息记录。

（2）添加

单击"添加"按钮，即转至客户收货点管理添加界面（如图 7 – 12 所示），输入将要添加的相关信息，其中收货人名称、负责人、收货地点不能为空。单击"保存"即可。

**客户收货点管理**

| | | |
|---|---|---|
| 编号： | | |
| 收货人名称： | 负责人 | |
| 收货地点： | 联系电话 | |
| 备注： | | |

保存 返回

**图 7 – 12　添加/修改客户收货点信息**

（3）修改

单击客户收货点信息列表中操作列的"修改"，即转至客户收货点管理修改界面（如图 7 – 12 所示），输入将要修改的相关信息，单击"保存"即可。

（4）删除

单击客户收货点信息列表中操作列的"删除"，即可删除对应的客户收货点信息。

前提是该客户收货点信息处于未被使用的状态。

【实训要求】

根据老师要求的内容、进度，认真填写信息，且前后呼应。

【实训地点】

校物流实训中心。

【实训时间安排】

整个实训过程安排 1 课时。

【实训工具】

华软仓储管理系统。

【实训步骤】

1. 每位学生使用自己的独立账号，登录华软仓储管理系统。

2. 学生在教师指导下，模拟信息员填写客户相关资料。

3. 由实训教师对实训效果进行总结和评价。

【注意事项】

在模拟训练过程中，学生要严肃认真，严格按要求填写信息，填写项目要准确无误。

【实训评价】

表 7 - 2　　　　　　　　　　　客户管理操作能力训练评价

| 考评人 | | 被考评人 | |
|---|---|---|---|
| 考评地点 | 物流实训室 | | |
| 考评内容 | 客户管理操作能力 | | |
| 考评标准 | 具体内容 | 分值（分） | 实际得分（分） |
| | 训练工作态度 | 20 | |
| | 客户信息管理 | 40 | |
| | 客户收货点管理 | 40 | |
| 合　计 | | 100 | |

注：考评满分为 100 分，60~70 分为及格；71~80 分为中；81~90 分为良好；91 分以上为优秀。

# 任务三 仓库管理操作

## 【任务情景】

一批中职生到江西省诚信仓配中心实习，人事部经理对他们进行实习前培训，培训内容为本企业仓储系统操作。本次培训内容为仓库管理操作。

## 【实训目标】

学生通过本任务的实训，担当信息员完成相应任务，以此掌握仓库管理作业流程操作。

## 【实训相关知识】

1. 分拣/托盘货架设置

打开分拣/托盘货架设置界面（如图 7-13 所示），进行分拣/托盘货架设置的查询、添加、修改、删除操作。

**托盘货架设置**

| 编号： | | 货架名： | | | 货架类型：托盘货架 ∨ | 查询 添加 |
| --- | --- | --- | --- | --- | --- | --- |

| 编号 | 货架编号 | 货架类型 | 列数 | 层数 | 货物名称 | 编辑 |
| --- | --- | --- | --- | --- | --- | --- |
| 1 | qq | 托盘货架 | 1 | 2 | 旺仔牛奶 | 修改 删除 |
| 3 | ww | 托盘货架 | 2 | 2 | 喜之郎果冻 | 修改 删除 |
| 4 | yy | 托盘货架 | 2 | 2 | 旺仔牛奶 | 修改 删除 |
| 6 | 11 | 托盘货架 | 2 | 2 | 槟榔 | 修改 删除 |

**图 7-13 托盘货架设置**

（1）查询

根据查询的条件不同，输入查询信息后，单击"查询"按钮，即可查询到符合条件的数据。

（2）添加

单击"添加"按钮，即转至货架信息添加界面（如图 7-14 所示），输入将要添加的相关信息，单击"保存"即可。

（3）修改

单击托盘货架信息列表中操作列的"修改"，即转至货架信息修改界面（如图 7-15所示），输入将要修改的相关信息，单击"保存"即可。前提是该货架处于未被使用的状态。货架名、列数、层数不能为空，货架名不能重复且为两位固定长度字符或数字。列数为取值 1~99 固定两位长度，位数不够时前面补零。

层数为取值 1~99 固定两位长度，位数不够时前面补零。

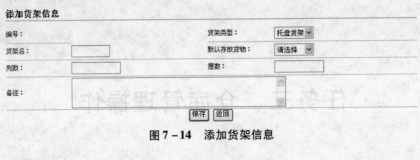

**图 7 - 14  添加货架信息**

添加货架信息

| 编号 | 货位编码 | 存放货物 | 是否可用 |
|------|----------|----------|----------|
| 5 | qq0101 | 旺仔牛奶 | 使用中 |
| 6 | qq0102 | 梨 | 使用中 |

保存  返回

**图 7 - 15  修改货架信息**

货架类型：托盘货架、分拣货架。

（4）删除

单击托盘货架信息列表中操作列的"删除"，即可删除对应的货架信息。前提是该货架处于未被使用的状态。

2. 分拣/托盘货位管理

打开分拣/托盘货位管理界面（如图 7 - 16 所示），进行分拣/托盘货位的查询、查看货位信息、选择货物操作。

货架货物分配

编号：____  货架编码：____  货架类型：托盘货架 ▾  查询

| 编号 | 货架编码 | 默认存放货物 | 货架类型 | 列数 | 层数 | 操作 |
|------|----------|--------------|----------|------|------|------|
| 1 | qq | 旺仔牛奶 | 托盘货架 | 1 | 2 | 查看货位信息 |
| 3 | ww | 喜之郎果冻 | 托盘货架 | 2 | 2 | 查看货位信息 |
| 4 | yy | 旺仔牛奶 | 托盘货架 | 2 | 2 | 查看货位信息 |
| 6 | 11 | 槟榔 | 托盘货架 | 2 | 2 | 查看货位信息 |

**图 7 - 16  货架货物分配**

（1）查询

根据查询的条件不同，输入查询信息后，单击"查询"按钮，即可查询到符合条件的数据。

（2）查看货位信息

单击货架货物分配信息列表中操作列的"查看货位信息"，即转至货位信息界面（如图 7 - 17 所示），货位状态有"使用中"，"空闲"和"暂停使用"三种。当货位的状态为"使用中"时，此货位信息不能删除。反之，当货位的状态为"空闲"与"暂停使用"时，此货位信息可删除。

**货位信息**

| 编号: | 6 | | 货架名: | 11 |
| 列数: | 2 | | 层数: | 2 |

| 编号 | 货位编码 | 设定存放货物 | 是否可用 | 操作 |
|------|----------|--------------|----------|------|
| 23 | 110101 | 桔子 | 使用中 | 选择货物 删除 |
| 24 | 110102 | | 暂停使用 | 选择货物 删除 |
| 25 | 110201 | | 空闲 | 选择货物 删除 |
| 26 | 110202 | | 空闲 | 选择货物 删除 |

返回

**图 7 – 17　货位信息**

(3) 选择货物

单击货位信息列表中操作列的"选择货物"，即转至货位存放货物名称界面（如图 7 – 18 所示）。当货位编码的状态为使用中，即可设定货位存放的货物。反之，货位编码上存放的货物为空。

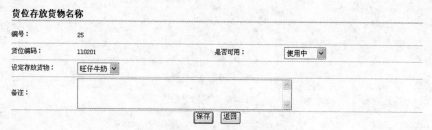

**图 7 – 18　货位存放货物信息**

## 【实训要求】

根据老师要求的内容、进度，认真填写信息，且前后呼应。

## 【实训地点】

校物流实训中心。

## 【实训时间安排】

整个实训过程安排 2 课时。

## 【实训工具】

华软仓储管理系统。

## 【实训步骤】

1. 每位学生使用自己的独立账号，登录华软仓储管理系统。

2. 学生在教师指导下，模拟信息员填写货架货位相关信息。

3. 由实训教师对实训效果进行总结和评价。

## 【注意事项】

在模拟训练过程中，学生要严肃认真，严格按要求填写信息，填写项目要准确无误。

## 【实训评价】

表 7 – 3 　　　　　　　　　　　仓库管理操作能力训练评价

| 考评人 | | 被考评人 | |
|---|---|---|---|
| 考评地点 | | 物流实训室 | |
| 考评内容 | | 仓库管理操作能力 | |
| 考评标准 | 具体内容 | 分值（分） | 实际得分（分） |
| | 训练工作态度 | 20 | |
| | 分拣/托盘货架设置 | 40 | |
| | 分拣/托盘货位管理 | 40 | |
| 合　计 | | 100 | |

注：考评满分为100分，60～70分为及格；71～80分为中；81～90分为良好；91分以上为优秀。

# 任务四 单据管理操作

## 【任务情景】

一批中职生到江西省诚信仓配中心实习，人事部经理对他们进行实习前培训，培训内容为本企业仓储系统操作。本次培训内容为单据管理操作。

## 【实训目标】

学生通过本任务的实训，担当信息员完成相应任务，以此掌握单据管理作业流程操作。

## 【实训相关知识】

### 一、入库单据管理

1. 入库计划单录入

打开入库计划单录入界面（如图 7-19 所示），进行入库计划单录入的查询、修改、删除、添加、添加明细操作界面。入库状态分为"已确认"和"未确认"两种。

**入库计划单录入**

编号/采购单号：□□□□ 客户编号/名称：□□□□ 紧急程度：全部 ▾ 状态：全部 ▾ [查询] [添加]

| 编号 | 客户名称 | 采购单号 | 紧急程度 | 制单日期 | 制单人 | 状态 | 操作 |
|------|----------|----------|----------|----------|--------|------|------|
| 1001 | kh3 | cg0001 | 普通 | 2012-6-26 11:09:44 | | 已确认 | 修改 删除 |
| 1002 | kh3 | 45 | 普通 | 2012-6-26 17:15:09 | admin | 未确认 | 修改 删除 |

**图 7-19 入库计划单录入**

（1）查询

根据查询的条件不同，输入查询信息后，单击"查询"按钮，即可查询到符合条件的数据。

（2）修改

单击入库信息列表中操作列的"修改"（在未确认的状态下，才可进行修改操作），即转至修改入库计划单界面（如图 7-20 所示），输入相关修改信息，完成修改操作。

（3）删除

单击入库信息列表中操作列的"删除"（在未确认的状态下，才可进行删除操作），即可删除对应的入库信息。

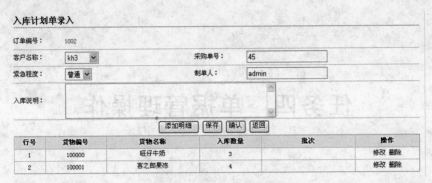

**图 7 - 20   修改入库计划单**

（4）添加

单击"添加"按钮，即转至入库计划单录入添加界面（如图 7 - 21 所示），输入入库计划单表中相关信息后，单击"保存"按钮即添加了一条未确认的入库单。然后再单击"确认"按钮即可添加一条已确认的入库单。

**图 7 - 21   添加入库计划单**

（5）添加明细

单击"添加明细"按钮，即转至入库计划单录入添加明细界面（如图 7 - 22 所示）。输入要入库货物的入库数量，单击"确定"，返回入库计划单录入添加界面（如图 7 - 23 所示）。

**入库计划单录入**

货物编号：[      ]   货物名称：[      ]   条形码：[      ]                              [查询]

| 编号 | 货物名称 | 条形码 | 品牌 | 入库数量 |
|------|----------|--------|------|----------|
| 100000 | 旺仔牛奶 | 11111 | 旺旺 | 0 |
| 100001 | 喜之郎果冻 | 22222 | 喜之郎 | 0 |
| 100002 | 果冻 | 33333 | | 0 |
| 100003 | 槟榔 | 456852 | 老湘潭 | 0 |
| 100004 | 苹果 | 6858 | | 0 |
| 100005 | 梨 | 898986 | | 0 |
| 100006 | 桔子 | 846454 | | 0 |
| 100007 | 旺仔牛奶 | 99999 | | 0 |

[确定] [返回]

**图 7 - 22   添加货物明细**

**2. 入库单据打印**

打开入库计划单打印界面（如图7-23所示），进行入库计划单打印的查询、查看详情操作界面。

（1）查询

根据查询的条件不同，输入查询信息后，单击"查询"按钮，即可查询到符合条件的数据。

（2）查看详情

单击入库信息列表中操作列的"查看详情"，即转至查看入库计划单详情界面（如图7-24所示），单击"打印"即可打印此条入库单据。

**入库计划单打印**

编号/采购单号： ☐ 客户编号/名称： ☐ 制单时间： ☐ 至 ☐ 　[查询]

| 编号 | 客户名称 | 采购单号 | 紧急程度 | 制单日期 | 制单人 | 操作 |
|------|---------|---------|---------|---------|-------|------|
| 1001 | kh3 | cg0001 | 普通 | 2012-6-26 11:09:44 | | 查看详情 |
| 1003 | kh3 | | 加急 | 2012-6-29 11:14:06 | admin | 查看详情 |

**图7-23　入库计划单打印**

**入库计划单打印**

| 订单编号： | 1001 | 采购单号： | cg0001 |
|-----------|------|-----------|--------|
| 客户名称： | kh3 | 紧急程度： | 普通 |
| 制单人： | | 制单日期： | 2012-6-26 11:09:44 |

入库说明：

| 行号 | 货物编号 | 货物名称 | 入库数量 | 批次 | 备注 |
|------|---------|---------|---------|------|------|
| 1 | 100001 | 喜之郎果冻 | 40 | | |
| 2 | 100002 | 果冻 | 20 | | |

[打印] [返回]

**图7-24　查看入库计划单详情**

## 二、出库单据管理

**1. 出库计划单录入**

打开出库计划单录入界面（如图7-25所示），进行入库计划单录入的查询、修改、删除、添加、添加明细操作界面。

**出库计划单录入**

编号/采购单号： ☐ 状态：未确认 ▾ 下单时间： ☐ 至 ☐ 　[查询] [添加]

| 编号 | 客户名称 | 采购单号 | 收货人 | 下单日期 | 制单人 | 状态 | 操作 |
|------|---------|---------|-------|---------|-------|------|------|
| 1003 | kh3 | ' | abc | 2012-6-29 11:58:13 | admin | 未确认 | 修改 删除 |
| 1004 | kh3 | 22 | abc | 2012-6-29 11:58:48 | admin | 未确认 | 修改 删除 |
| 1005 | kh3 | 22 | abc | 2012-6-29 12:00:06 | admin | 未确认 | 修改 删除 |
| 1006 | kh3 | 777 | abc | 2012-6-29 12:01:18 | admin | 未确认 | 修改 删除 |
| 1007 | kh3 | | abc | 2012-6-29 12:06:12 | admin | 未确认 | 修改 删除 |
| 1008 | kh3 | 222 | abc | 2012-6-29 12:06:47 | admin | 未确认 | 修改 删除 |
| 1009 | kh3 | 11 | abc | 2012-6-29 13:58:39 | admin | 未确认 | 修改 删除 |

**图7-25　出库计划单录入**

（1）查询

根据查询的条件不同，输入查询信息后，单击"查询"按钮，即可查询到符合条件的数据。出库状态有"已确认""未确认""已生成作业"和"已完成"四种。

（2）修改

单击出库信息列表中操作列的"修改"（在未确认的状态下，才可进行修改操作），即转至修改出库计划单界面（如图7－26所示），输入相关修改信息，完成修改操作。

**图7－26　修改出库计划单**

（3）删除

单击出库信息列表中操作列的"删除"（在"未确认"的状态下，才可进行删除操作），即可删除对应的出库信息。

（4）添加

单击"添加"按钮，即转至出库计划单录入添加界面（如图7－27所示），输入出库计划单表中相关信息后，单击"保存"按钮即添加了一条未确认的出库单。然后单击"确认"按钮即可添加一条已确认的出库单。

（5）添加明细

单击"添加明细"按钮，即转至出库计划单录入添加明细界面（如图7－28所示）。选择要出库的货物，单击此货物的"出库操作"，进入出库操作界面（如图7－29所示），选择要出库的货物名称，输入要出库货物的计划出库数量与计划出库零数，单击"保存"，返回出库计划单录入添加界面（如图7－27所示）。

**图7－27　添加出库计划单**

图 7 – 28　添加出库货物明细

**出库计划单录入**

| 行号： | 1 |
| --- | --- |
| 货物名称： | 旺仔牛奶 ∨ |
| 计划出库数量： | |
| 计划出库零数： | |
| 备注： | |

保存　返回

图 7 – 29　出库操作

2. 出库作业计划

打开出库作业计划界面（如图 7 – 30 所示），进入出库作业计划的查询、查看详情、生成作业计划操作界面。

**出库作业计划**

| 编号： | 1007 | | |
| --- | --- | --- | --- |
| 客户名称： | kh3 | 采购单号： | |
| 收货人： | abc | 要求到货日期： | 2012-6-29 0:00:00 |
| 制单人： | admin | 下单日期： | 2012-6-29 12:06:12 |

出库说明：

| 行号 | 货物编号 | 货物名称 | 计划出库数量 | 计划出库零数 |
| --- | --- | --- | --- | --- |
| 1 | 100000 | 旺仔牛奶 | 20 | 10 |

生成作业计划　返回

图 7 – 30　出库作业计划

（1）查询

根据查询的条件不同，输入查询信息后，单击"查询"按钮，即可查询到符合条件的数据。

（2）查看详情

单击出库作业信息列表中操作列的"查看详情"，即转至出库生成作业计划界面（如图 7 – 31 所示）。

（3）生成作业计划

单击"生成作业计划"按钮即可生成出库作业。

3. 出库单据打印

打开出库单据查询界面（如图 7 – 32 所示），进行出库单据的查询、打印操作。

图7-31　出库生成作业计划

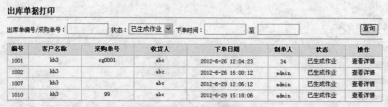

图7-32　出库单据查询

（1）查询

根据查询的条件不同，输入查询信息后，单击"查询"按钮，即可查询到符合条件的数据。

（2）查看详情

单击出库单据信息列表中操作列的"查看详情"，即转至出库单据打印界面（如图7-33所示），即可查看此出库作业信息。

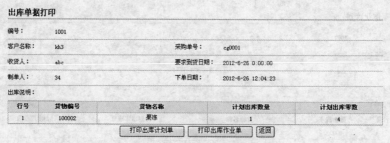

图7-33　出库单据打印

（3）打印出库计划单

单击"打印出库计划单"跳至打印出库计划单页面（如图7-34所示），即可打印出库计划单。

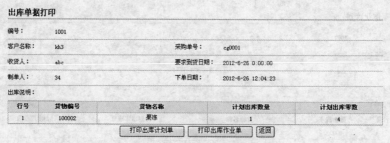

图7-34　打印出库计划单

（4）打印出库作业单

单击"打印出库作业单"跳至打印出库作业单界面（如图 7 - 35 所示），即可打印出库作业单。

图 7 - 35　打印出库作业单

## 三、补货单据管理

### 1. 补货计划单录入

打开补货计划单录入界面（如图 7 - 36 所示），进行出库单据的查询、修改、删除、添加、添加明细操作。

图 7 - 36　补货计划单录入

（1）查询

根据查询的条件不同，输入查询信息后，单击"查询"按钮，即可查询到符合条件的数据。补货状态有"已确认""未确认""已生成作业""已完成"四种状态。

（2）修改

单击补货信息列表中操作列的"修改"（在未确认的状态下，才可进行修改操作），即转至修改补货计划单界面（如图 7 - 37 所示），输入相关修改信息，完成修改操作。

（3）删除

单击补货信息列表中操作列的"删除"（在未确认的状态下，才可进行删除操作），即可删除对应的补货信息。

（4）添加

单击"添加"按钮，即转至补货计划单录入添加界面（如图 7 - 38 所示），输入补

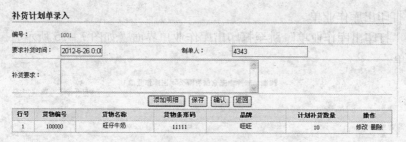

**图7-37　修改补货库计划单**

货计划单表中相关信息后，单击"保存"按钮即添加了一条未确认的补货单。然后再单击"确认"按钮即可添加一条已确认的补货单。

**图7-38　添加补货计划单**

（5）添加明细

单击"添加明细"按钮，即转至补货计划单录入添加明细界面（如图7-39所示）。选择要补货的货物，单击此货物的"补货操作"，进入补货操作界面（如图7-40所示），选择要补货的货物名称，输入要补货货物的计划补货数量，单击"保存"，返回补货计划单录入添加界面（如图7-36所示）。

**图7-39　添加补货明细**

**图7-40　补货操作**

**2. 补货作业生成**

打开补货作业管理界面（如图 7 – 41 所示），进行补货作业管理的查询、查看详情、生成作业计划操作。

**图 7 – 41　补货作业管理**

（1）查询

根据查询的条件不同，输入查询信息后，单击"查询"按钮，即可查询到符合条件的数据。

（2）查看详情

单击补货作业信息列表中操作列的"查看详情"，即转至生成作业计划界面（如图 7 – 42 所示）。

**图 7 – 42　补货生成作业计划**

（3）生成作业计划

单击"生成作业计划"按钮，若托盘货架上有足够的货物，即可生成补货作业。

**3. 补货作业查询**

打开补货作业查询界面（如图 7 – 43 所示），进行补货作业的查询、查看详情操作。

补货作业查询

| 编号 | 制单时间 | 制单人 | 要求补货时间 | 补货要求 | 状态 | 操作 |
|---|---|---|---|---|---|---|
| 1000 | 2012-6-26 11:46:13 | abc | 2012-6-26 0:00:00 | | 已完成 | 查看详情 |
| 1001 | 2012-6-26 16:10:51 | 4343 | 2012-6-26 0:00:00 | | 未确认 | 查看详情 |
| 1002 | 2012-6-29 14:03:49 | admin | 2012-6-29 0:00:00 | | 已确认 | 查看详情 |
| 1003 | 2012-6-29 14:14:52 | 12 | 2012-6-29 0:00:00 | | 未确认 | 查看详情 |
| 1004 | 2012-6-29 14:15:15 | 22 | 2012-6-29 0:00:00 | | 已确认 | 查看详情 |

**图 7 – 43　补货作业查询**

（1）查询

根据查询的条件不同，输入查询信息后，单击"查询"按钮，即可查询到符合条件的数据。

（2）查看详情

单击补货作业信息列表中操作列的"查看详情"，即转至查看详情界面（如图7－44所示），即可查看此补货作业信息。

图7－44　查看详情

【实训要求】

根据老师要求的内容、进度，认真填写信息，且前后呼应。

【实训地点】

校物流实训中心。

【实训时间安排】

整个实训过程安排2课时。

【实训工具】

华软仓储管理系统。

【实训步骤】

1. 每位学生使用自己的独立账号，登录华软仓储管理系统。

2. 学生在教师指导下，模拟信息员填写客户相关资料。

3. 由实训教师对实训效果进行总结和评价。

【注意事项】

在模拟训练过程中，学生要严肃认真，严格按要求填写信息，填写项目要准确无误。

【实训评价】

表7－4　　　　　　　　　单据管理操作能力训练评价

| 考评人 | | 被考评人 | | |
|---|---|---|---|---|
| 考评地点 | | 物流实训室 | | |
| 考评内容 | | 单据管理操作能力 | | |
| 考评标准 | 具体内容 | 分值（分） | | 实际得分（分） |
| | 训练工作态度 | 10 | | |
| | 入库单据管理 | 30 | | |
| | 出库单据管理 | 30 | | |
| | 补货单据管理 | 30 | | |
| 合　计 | | 100 | | |

注：考评满分为100分，60～70分为及格；71～80分为中；81～90分为良好；91分以上为优秀。

# 任务五　分拣管理操作

## 【任务情景】

一批中职生到江西省诚信仓配中心实习，人事部经理对他们进行实习前培训，培训内容为本企业仓储系统操作。本次培训内容为分拣管理操作。

## 【实训目标】

学生通过本任务的实训，担当信息员完成相应任务，以此掌握分拣管理作业流程操作。

## 【实训相关知识】

1. 开始分拣作业

打开开始分拣作业界面（如图7-45所示），进行查询、查看详情、开始分拣操作。

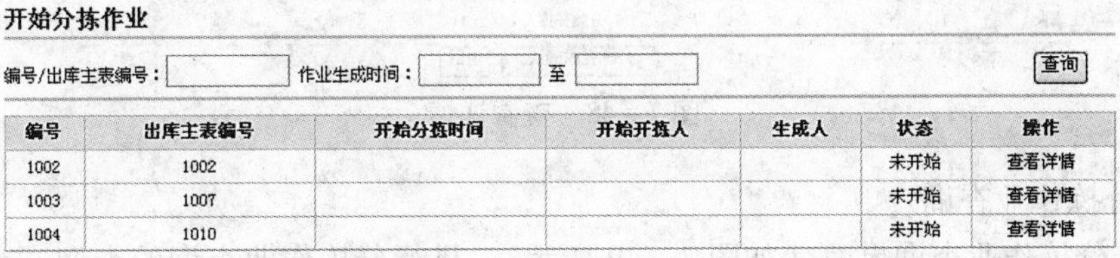

**开始分拣作业**

| 编号 | 出库主表编号 | 开始分拣时间 | 开始开拣人 | 生成人 | 状态 | 操作 |
|------|------------|------------|----------|------|------|------|
| 1002 | 1002 | | | | 未开始 | 查看详情 |
| 1003 | 1007 | | | | 未开始 | 查看详情 |
| 1004 | 1010 | | | | 未开始 | 查看详情 |

编号/出库主表编号：_____　作业生成时间：_____ 至 _____　　[查询]

**图7-45　开始分拣作业**

（1）查询

根据查询的条件不同，输入查询信息后，单击"查询"按钮，即可查询到符合条件的数据。

（2）查看详情

单击分拣作业信息列表中操作列的"查看详情"，即转至查看详情界面（如图7-46所示），即可添加分拣信息后，单击"保存"后再单击"开始分拣"，分拣开始。

2. 分拣完成确认

打开分拣完成确认界面（如图7-47所示），进行分拣完成确认的查询、查看详情操作。

（1）查询

根据查询的条件不同，输入查询信息后，单击"查询"按钮，即可查询到符合条件的数据。

图 7 - 46 查看详情

图 7 - 47 分拣完成确认

（2）查看详情

单击分拣作业信息列表中操作列的"查看详情"，即转至查看详情界面（如图7-48所示），单击"分拣完成确认"，完成分拣确认。

图 7 - 48 查看详情

3. 分拣作业查询

打开分拣作业查询界面（如图7-49所示），进行分拣作业查询的查询、查看详情操作。

（1）查询

根据查询的条件不同，输入查询信息后，单击"查询"按钮，即可查询到符合条件的数据。

（2）查看详情

单击分拣作业信息列表中操作列的"查看详情"，即转至查看详情界面（如图7-50所示），即可查看分拣作业信息。

【实训要求】

根据老师要求的内容、进度，认真填写信息，且前后呼应。

【实训地点】

校物流实训中心。

【实训时间安排】

整个实训过程安排2课时。

图 7 - 49　分拣作业查询

图 7 - 50　分拣作业查看详情

## 【实训工具】

华软仓储管理系统。

## 【实训步骤】

1. 每位学生使用自己的独立账号，登录华软仓储管理系统。

2. 学生在教师指导下，模拟信息员填写客户相关资料。

3. 由实训教师对实训效果进行总结和评价。

## 【注意事项】

在模拟训练过程中，学生要严肃认真，严格按要求填写信息，填写项目要准确无误。

## 【实训评价】

表 7 - 5　　　　　　　　　　分拣管理操作能力训练评价

| 考评人 | | 被考评人 | |
|---|---|---|---|
| 考评地点 | | 物流实训室 | |
| 考评内容 | | 分拣管理操作能力 | |
| 考评标准 | 具体内容 | 分值（分） | 实际得分（分） |
| | 训练工作态度 | 20 | |
| | 开始分拣作业 | 30 | |
| | 分拣完成确认 | 30 | |
| | 分拣作业查询 | 20 | |
| 合　计 | | 100 | |

注：考评满分为 100 分，60～70 分为及格；71～80 分为中；81～90 分为良好；91 分以上为优秀。

# 任务六　库存查询操作

## 【任务情景】

一批中职生到江西省诚信仓配中心实习，人事部经理对他们进行实习前培训，培训内容为本企业仓储系统操作。本次培训内容为库存查询操作。

## 【实训目标】

学生通过本任务的实训，担当信息员完成相应任务，以此掌握库存查询作业流程操作。

## 【实训相关知识】

### 一、库存查询

#### 1. 托盘货架区库存查询

打开托盘货架区库存查询界面（如图7-51所示），进行分拣作业查询的查询、查看详情操作。

**托盘货架区库存查询**

| 货物编号 | 货物名称 | 品牌 | 条形码 | 规格 | 计量单位 | 库存 |
|---|---|---|---|---|---|---|
| 100000 | 旺仔牛奶 | 旺旺 | 11111 | 300ml | 箱 | 20 |
| 100002 | 果冻 | | 33333 | | 包 | 4 |

**图7-51　托盘货架区库存查询**

根据查询的条件不同，输入查询信息后，单击"查询"按钮，即可查询到符合条件的数据。直接单击查询，查询所有托盘货架区库存数据。

#### 2. 分拣区库存查询

打开分拣区库存查询界面（如图7-52所示），可以执行分拣区库存查询作业的查询操作。

根据查询的条件不同，输入查询信息后，单击"查询"按钮，即可查询到符合条件的数据。直接单击"查询"，可以查询所有托盘货架区库存数据。

### 二、系统退出

管理员登录成功之后，在主界面上右方单击"退出"，即可退出系统（如图7-53所示）。

分拣区库存查询

货物编号：　　　　　　货物名称：　　　　　　品牌：　　　　　　　　　　查询

| 编号 | 货物名称 | 品牌 | 条形码 | 规格 | 计量单位 | 散货库存 |
|------|---------|------|--------|------|---------|---------|
| 100000 | 旺仔牛奶 | 旺旺 | 11111 | 300ml | 箱 | 0 |
| 100001 | 喜之郎果冻 | 喜之郎 | 22222 | 400g | 斤 | 0 |
| 100002 | 果冻 | | 33333 | | 包 | 35 |
| 100003 | 槟榔 | 老湘潭 | 456852 | | 包 | 0 |
| 100004 | 苹果 | | 6656 | | 斤 | 0 |
| 100005 | 梨 | | 898988 | | 斤 | 0 |
| 100006 | 桔子 | | 846454 | | 包 | 0 |
| 100007 | 旺仔牛奶 | | 99999 | | 箱 | 0 |

图7-52　分拣区库存查询

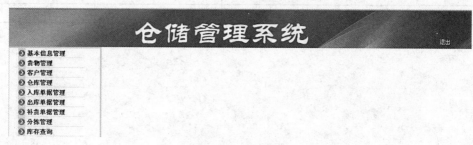

仓储管理系统

退出

❯ 基本信息管理
❯ 货物管理
❯ 客户管理
❯ 仓库管理
❯ 入库单据管理
❯ 出库单据管理
❯ 补货单据管理
❯ 分拣管理
❯ 库存查询

图7-53　退出系统

【实训要求】

根据老师要求的内容、进度，认真填写信息，且前后呼应。

【实训地点】

校物流实训中心。

【实训时间安排】

整个实训过程安排1课时。

【实训工具】

华软仓储管理系统。

【实训步骤】

1. 每位学生使用自己的独立账号，登录华软仓储管理系统。

2. 学生在教师指导下，模拟信息员填写客户相关资料。

3. 由实训教师对实训效果进行总结和评价。

【注意事项】

在模拟训练过程中，学生要严肃认真，严格按要求填写信息，填写项目要准确无误。

## 【实训评价】

表 7 - 6 　　　　　　　　　　库存查询管理操作能力训练评价

| 考评人 | | 被考评人 | | |
|---|---|---|---|---|
| 考评地点 | | 物流实训室 | | |
| 考评内容 | | 库存查询管理操作能力 | | |
| 考评标准 | 具体内容 | 分值（分） | | 实际得分（分） |
| | 训练工作态度 | 20 | | |
| | 托盘货架区库存查询 | 40 | | |
| | 分拣区库存查询 | 40 | | |
| 合　计 | | 100 | | |

注：考评满分为 100 分，60 ~ 70 分为及格；71 ~ 80 分为中；81 ~ 90 分为良好；91 分以上为优秀。

# 项目八 综合物流系统业务操作与硬件实训

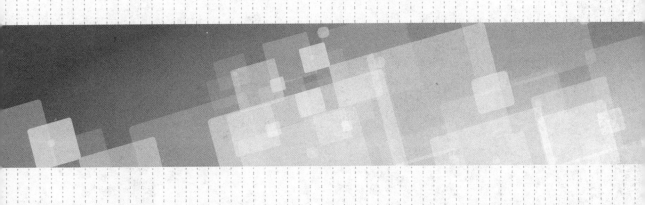

# 任务一　基础资料录入操作

【任务情景】

　　江西省诚信仓配中心物流操作系统需要完善信息，信息员对公司操作系统进行信息完善操作。

【实训目标】

　　学生通过本任务的实训，能熟练对综合物流系统进行信息录入操作。

【实训相关知识】

　　一、用户注册

　　任课教师用系统现有教师用户登录，确认课程内容为"接硬件实训课"。根据系统现有数据来分配操作，课程一共分两个角色由"lg01"扮演"基础信息员""lg02"扮演"仓储管理员"。

　　（1）打开综合物流系统（如图 8 - 1 所示）屏幕显示"登录信息界面"（如图 8 - 2 所示）。

图 8 - 1　综合物流系统

　　（2）点击"注册"按钮，注册"学生"账号。学生账号注册成功以后不能马上开始启用，必须通过教师确认开通后才能正常使用。学生账号分别具备上课操作、密码修改、自由练习等相关操作权限。

　　二、仓储基本信息录入

　　1. 登录

　　学生以"lg02"登录，如图 8 - 3 所示，登录后的界面，如图 8 - 4 所示，选择上课操作，呈现如图 8 - 5 所示界面。

图 8 - 2　综合物流系统登录界面

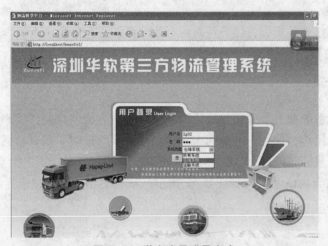

图 8 - 3　学生账号登录方式

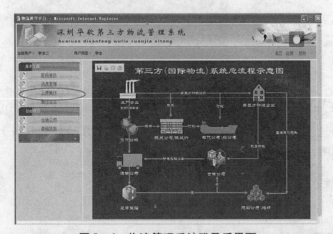

图 8 - 4　物流管理系统登录后界面

图8-5　物流管理系统上课操作界面

点击"仓储实训"后，界面如图8-6所示。

图8-6　仓储实训界面

2. 仓储基本设置

打开仓储公司"仓储基本设置"模块，如图8-6所示，进入立体货架、手工货架、分拣货架、出货台各项管理界面，点击"手工货位设置"，如图8-7所示。点击"新增"按钮，增加库位信息（如图8-8所示）以及货架里的货位存放的货物类别（如图8-9所示）。

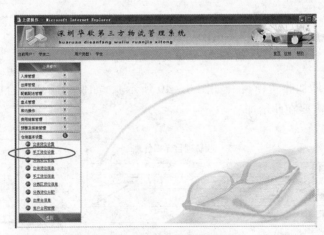

图8-7　手工货位设置界面

3. 费用结算管理（收费项目管理）

打开仓储公司"费用结算管理"模块，点击"收费项目管理"进入操作界面，点

**图 8-8　货架货位设置界面**

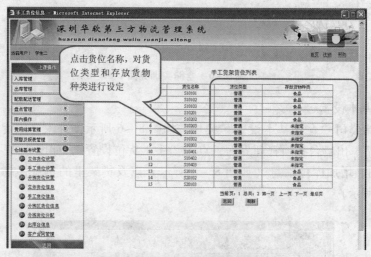

**图 8-9　货架货位类型管理界面**

击"新增"按钮增加收费项目（如图 8-10 所示），如例题中要求合同客户支付仓租费、装卸费，就需要在此增加。

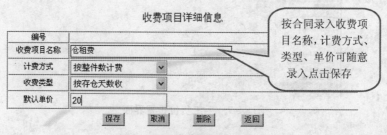

**图 8-10　收费项目设定界面**

4. 仓储基本设置（合同客户）

打开"仓储基本设置"模块，点击"客户合同管理"进入操作界面，点击表最下方的"查看历史合同信息"，可以查看之前签订的合同客户信息。选定客户名称，录入其他各项详细信息后点击"保存"，然后增加此客户的收费项目明细（如图 8 - 11 所示）。

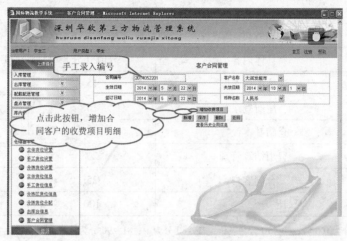

图 8 - 11　客户合同管理界面

以上设定完成后，货物即完成入库管理。

【实训要求】

1. 熟悉业务流程。
2. 熟悉 RFID 系统的使用方法。

【实训地点】

校物流实训中心。

【实训时间安排】

整个实训过程安排 1 课时。

【实训工具】

综合物流管理系统。

【实训步骤】

1. 建立小组，每小组 6～8 人，设组长一名。
2. 小组成员按照教师给定的信息录入进综合物流管理系统中。
3. 小组成员互评。
4. 实训教师对实训效果进行总结和评价。

【注意事项】

1. 在模拟训练过程中，应严肃认真，严格按教师要求操作。
2. 文明操作，爱护设备。

## 【实训评价】

**表 8 - 1**　　　　　　　　　　　　　**基础资料录入能力训练评价**

| 考评人 | | 被考评人 | |
|---|---|---|---|
| 考评地点 | | | |
| 考评内容 | 基础资料录入能力 | | |
| 考评标准 | 具体内容 | 分值（分） | 实际得分（分） |
| | 训练工作态度 | 15 | |
| | 注册登录 | 15 | |
| | 仓储基本设置 | 25 | |
| | 费用结算管理 | 20 | |
| | 合同客户 | 25 | |
| 合　计 | | 100 | |

　　注：考评满分为 100 分，60~70 分为及格；71~80 分为中；81~90 分为良好；91 分以上为优秀。

# 任务二　入库管理流程操作

## 【任务情景】

江西省诚信仓配中心仓管员接到客户J连锁超市货物入库任务。货物验收后，仓管员使用RFID系统办理J连锁超市货物入库作业。

## 【实训目标】

学生通过完成本任务的实训，能熟练使用RFID系统办理货物入库作业。

## 【实训相关知识】

### 一、入库计划管理

打开仓储公司的"入库管理"模块中的"入库计划管理"，如图8-12所示，进入"入库计划管理"界面，指定客户名称，选择合同编号、存仓编号（随意录入）、结算方式、原收货单（随意录入）等相关信息后保存，之后点击"增加货物信息"按钮，在弹出的入库货物信息列表中制定计划件数、货物类别、存仓类型、货物价值等相关信息后并确认，如图8-13所示。将整个入库计划单的所有相关货物信息定义完善后，最后再点击"确认"按钮，确认此入库计划单据开始生效（如图8-14所示），点击表最下方的"查看历史入库信息"可以查看到此单据状态为"在途"。

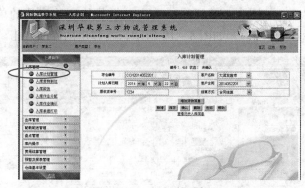

**图8-12　入库计划管理**

### 二、入库货物到达

打开仓储公司"入库管理"模块中的"入库货物到达"，如图8-15所示，点击

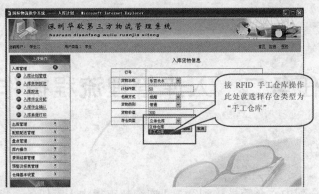

图 8 - 13　入库货物详细信息设定界面

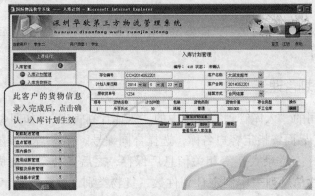

图 8 - 14　入库计划管理主界面

"查看历史入库信息"进入"入库计划列表"界面，如图 8 - 16 所示，点击"入库货物到达"后的界面进入"在途入库计划列表"，如图 8 - 17 所示，"查询"进入"在途入库计划列表"界面，如图 8 - 18 所示，选定要做货物到达确认的单据编号，点击计划编号进入"入库计划信息"，如图 8 - 19 所示，在弹出的界面点击"到达"按钮。

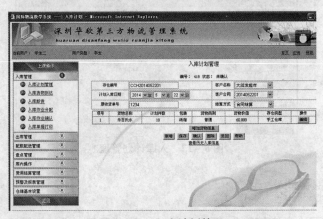

图 8 - 15　入库计划管理

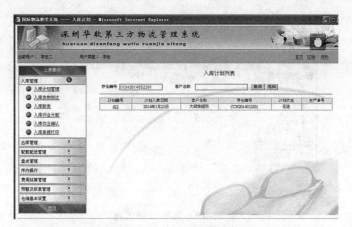

图 8 – 16　入库计划列表

图 8 – 17　在途入库计划列表查询界面

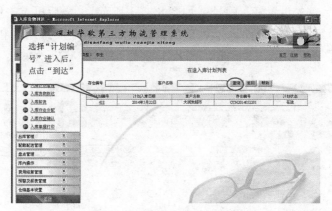

图 8 – 18　在途入库计划列表

## 三、入库卸货

打开仓储公司"入库管理"模块中的"入库卸货"，进入待卸货入库计划列表，

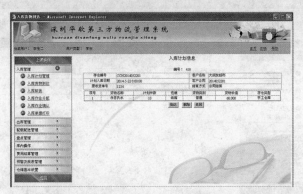

图 8 – 19　入库计划信息

图 8 – 20　待卸货入库计划列表界面

如图 8 – 20 所示，点击"查询"进入待卸货入库计划列表界面（如图 8 – 21 所示），选定要做卸货确认的单据编号，点击计划编号，在弹出的待卸货入库计划信息界面（如图 8 – 22 所示），首先设置好车牌号（如图 8 – 23 所示），之后再点击货物名称后面的"编辑"按钮指定货物的唛头、计量单位、卸货件数、生产日期等相关数据后（如图 8 – 24所示），再"确认"此单据已经入库卸货（如图 8 – 25 所示）。

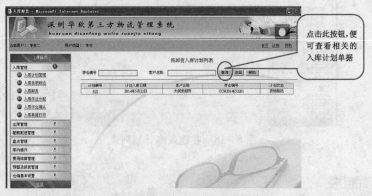

图 8 – 21　待卸货入库计划列表

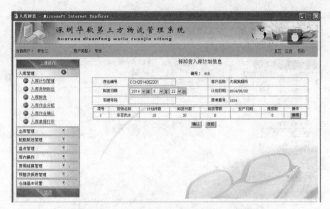

**图 8-22　待卸货入库计划信息界面**

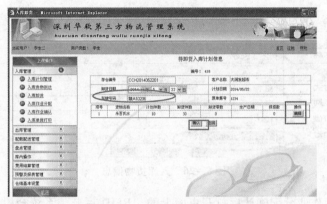

**图 8-23　待卸货入库计划信息**

**图 8-24　入库货物信息**

## 四、RFID 手工仓库入库作业分配

（1）首先要确保做入库计划时选择的存仓类型为"手工仓库"，如图 8-26 所示。

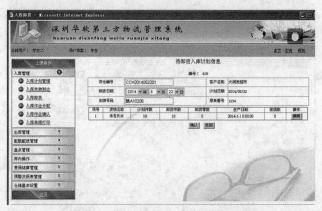

图 8 - 25　待卸货入库计划信息

入库货物信息

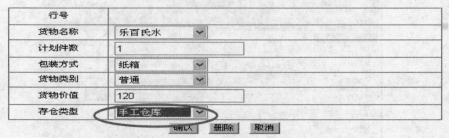

| 行号 | |
| --- | --- |
| 货物名称 | 乐百氏水 |
| 计划件数 | 1 |
| 包装方式 | 纸箱 |
| 货物类别 | 普通 |
| 货物价值 | 120 |
| 存仓类型 | 手工仓库 |

图 8 - 26　入库货物信息

（2）当入库作业分配确认后打开桌面上的"RFID 写卡"系统会检索到入库的货物信息（如图 8 - 27 所示），此操作表示现有一件货物已完成手工仓库入库，需要在入库之前绑定一张 RFID 卡（RFID 卡取代了货物条码，便于批量货物的入库管理，是通过无线射频技术来实现不需要逐个扫描，直接通过门禁感应就代表货物已入库），当该货物经过仓库的 RFID 门禁时，系统就会自动读取 RFID 卡并将信息反馈到系统中，即该货物入库成功。

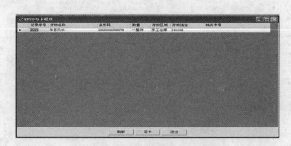

图 8 - 27　RFID 写卡程序界面

（3）取一张 RFID 卡片，放于读卡器前，然后点击"写卡"按钮，系统提示写卡成功，此操作完成。如图 8 - 28 所示。

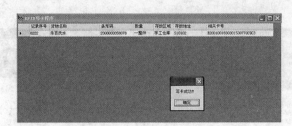

**图 8 – 28　RFID 写卡成功界面**

（4）退出写卡程序，再打开桌面上的"RFID 读卡"然后由理货人员载着放有写好的 RFID 卡货物经由门禁入库，RFID 门禁系统会读卡到此货物入库信息，并反馈到仓库管理系统确认代表此手工仓库货物入库成功。如图 8 – 29 所示。

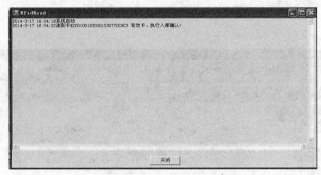

**图 8 – 29　手工仓库入库成功界面**

### 五、入库作业确认

此步骤由 RFID 自动完成。

（1）打开仓储公司"入库管理"模块中的"入库作业分配"项，进入未分配入库计划列表，如图 8 – 30 所示，点击"查询"进入如图 8 – 31 所示界面，选定要做分配确认的单据编号，点击计划编号，在弹出的待分配入库计划信息界面（如图 8 – 32 所示），点击"确认"此单据已经入库（如图 8 – 33 所示）。

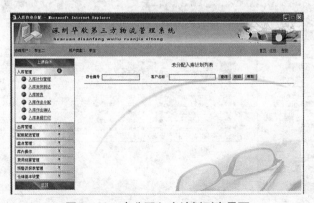

**图 8 – 30　未分配入库计划列表界面**

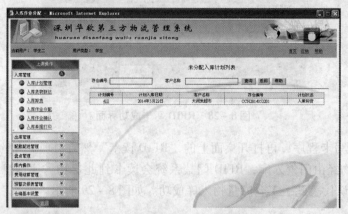

图 8 – 31　未分配入库计划列表

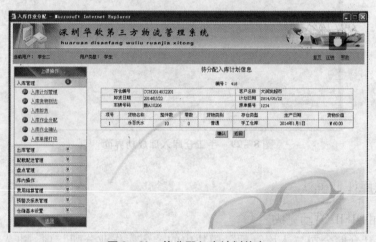

图 8 – 32　待分配入库计划信息

图 8 – 33　入库作业列表

（2）打开仓储公司"入库管理"模块中的"入库作业确认"项，进入入库作业列表，如图 8 – 34 所示，点击要入库作业确认货物的"选择"按钮，在弹出的界面点击"确认"即可。所有货物要逐一进行确认。

**图 8 – 34　入库作业列表管理界面**

**【实训要求】**

1. 熟悉业务流程。

2. 熟悉 RFID 系统的使用方法。

**【实训地点】**

校物流实训中心。

**【实训时间安排】**

整个实训过程安排 4 课时。

**【实训工具】**

入库通知单、RFID 系统、综合物流管理系统、商品若干、托盘若干。

**【实训步骤】**

1. 建立小组，每小组 6~8 人，设组长一名。

2. 小组成员按照教师给定的信息进行综合物流管理系统入库操作。

3. 小组成员互评。

4. 实训教师对实训效果进行总结和评价。

**【注意事项】**

1. 在模拟训练过程中，应严肃认真，严格按教师要求操作。

2. 文明操作，爱护设备。

## 【实训评价】

表 8 – 2 　　　　　　　　　　入库管理操作能力训练评价

| 考评人 | | 被考评人 | |
|---|---|---|---|
| 考评地点 | | | |
| 考评内容 | 入库管理操作能力 | | |
| 考评标准 | 具体内容 | 分值（分） | 实际得分（分） |
| | 训练工作态度 | 10 | |
| | 入库计划管理 | 20 | |
| | 入库货物到达 | 20 | |
| | 入库卸货 | 20 | |
| | 入库作业分配 | 20 | |
| | 入库作业确认 | 10 | |
| 合　计 | | 100 | |

注：考评满分为 100 分，60 ~ 70 分为及格；71 ~ 80 分为中；81 ~ 90 分为良好；91 分以上为优秀。

# 任务三  出库管理流程操作

**【任务情景】**

江西省诚信仓配中心仓管员接到客户 J 连锁超市货物出库通知。仓管员使用电子标签系统办理 J 连锁超市货物出库作业。

**【实训目标】**

学生通过完成本任务的实训,能熟练使用综合物流管理系统及电子标签进行货物的出库。

**【实训相关知识】**

一、出库计划管理

打开仓储公司"出库管理"模块中的"出库计划管理",进入出库计划管理界面(如图 8 – 35 所示)首先指定收货地点、客户名称、客户合同、存仓编号、结算方式等相关信息,点击表下方的"保存"按钮保存此出库计划单据。之后点击"增加货物信息"按钮,进入库存货物查询界面,点击"查询"按钮可查看到所有货主存放的货物信息。选定要出库的客户计划编号,在出库计划列表中输入要出库的数量,点击"确认",此出库计划单据开始生效。

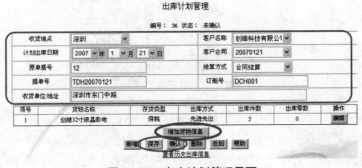

**图 8 – 35  出库计划管理界面**

(1)首先指定客户名称、客户合同、存仓编号、结算方式等相关信息。

(2)点击"增加货物信息"按钮为该出库计划单据增加货物信息。

(3)点击"编辑"录入要出库的数量后确认。出库件数由立体库自动出库完成,出库零数由电子标签系统执行摘取作业完成。

## 二、出库作业分配

出库作业分配前同样要先启动出库后台系统，详细步骤请参照入库作业操作。

当出库的货物为整件时，堆垛机接到出库指令后会开始工作，自动将货取至出库台，由拣货人员将出库台上的货物搬至分拣线上，拣货人员要在堆垛机货叉收回后按下出库台上的红色按钮，表示货物已取走，此操作是给分拣线的指令信号，用于区分货物的出库出口。

（1）打开仓储公司"出库管理"模块中的"出库作业分配"项，进入未分配出库计划列表界面（如图 8-36 所示），点击"查询"便可查看到相关的出库计划单据。选定出库作业分配的单据编号，在弹出的界面首先选定"出库台"之后再点击"确认"按钮即可。

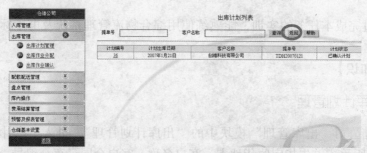

**图 8-36　出库计划列表信息**

（2）如果出库货物为零散货物时，则由电子标签进行拣货作业。将电子标签通信盒打开，设备启动后会发出报警时表示通电正常，之后启动桌面上的"电子标签"系统如图 8-37 所示。

**图 8-37　电子标签图标**

（3）进入系统后点击"固高-华软"，再点击"准备工作"，此时系统会自动读取到散货分拣单，如图 8-38 所示，同时电子标签货架会发出报警声提示拣货人员有拣货任务，拣货人员根据货架上的亮灯提示进行货物拣取，完成一个拍下一个货位的完成按钮，整条单子都拣完后，拍下订单完成器，此时系统会反馈信息表示已完成。

（4）电子标签被点亮并自动显示出出库的数量（如图 8-39 所示），操作人员按电子标签显示的数据拣取货物。拣完货后按确认键。依次将该通道所有货物拣取完后，按下完成器确认键（如图 8-40 所示）。

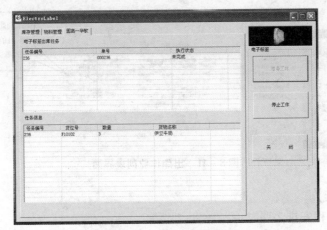

图 8 - 38  固高 - 华软界面

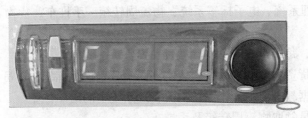

图 8 - 39  流利货架上的电子标签

图 8 - 40  流利货架上的确认键

## 三、出库作业确认

打开仓储公司"出库管理"模块中的"出库作业确认",进入出库作业列表界面
(如图 8 - 41 所示),点击要出库作业确认货物的"选择"按钮,在弹出的界面点击
"确认"即可。

出库作业完成后,对货物进行装车配送管理业务。

【实训要求】

1. 熟悉业务流程。

2. 熟悉电子标签系统的使用方法。

【实训地点】

校物流实训中心。

图 8-41　出库作业列表界面

## 【实训时间安排】

整个实训过程安排 2 课时。

## 【实训工具】

综合物流管理系统、电子标签系统、物流周转箱、手推车、货物若干。

## 【实训步骤】

1. 建立小组，每小组 6~8 人，设组长一名。
2. 组长为拣货资料发放员，另两位实训同学分别扮演拣货作业员及仓管员。
3. 仓管员依据教师要求操作综合物流管理系统中的出库作业。
4. 拣货作业员领取物流周转箱及手推车。
5. 拣货作业员根据电子标签提示拣取货物，并放置于复核区。
6. 教师对实训效果进行总结和评价。

## 【注意事项】

按操作规范使用并爱护物流设备。

## 【实训评价】

表 8-3　　　　　　　　　出库管理操作能力训练评价

| 考评人 | | 被考评人 | |
|---|---|---|---|
| 考评地点 | | | |
| 考评内容 | 出库管理操作能力 | | |
| 考评标准 | 具体内容 | 分值（分） | 实际得分（分） |
| | 训练工作态度 | 15 | |
| | 出库流程操作 | 30 | |
| | 拣货无遗漏 | 25 | |
| | 拣货迅速准确 | 25 | |
| | 装卸工具归位 | 5 | |
| 合　计 | | 100 | |

注：考评满分为 100 分，60~70 分为及格；71~80 分为中；81~90 分为良好；91 分以上为优秀。

# 参考文献

［1］唐四元，鲁艳霞．现代物流技术与装备［M］．北京：清华大学出版社，2008．

［2］王金萍．物流设施与设备［M］．大连：东北财经大学出版社，2006．

［3］李文斐，张娟，朱文莉．现代物流装备与技术实务［M］．北京：人民邮电出版社，2006．

［4］沈瑞山．仓储管理［M］．北京：中国人民大学出版社，2009．

［5］谢振江．游标卡尺的检定与修理问答［M］．北京：中国计量出版社，2000．

［6］郑彬．仓储作业实务［M］．北京：高等教育出版社，2010．

［7］伍玉坤，廖建国．现代物流设备与设施［M］．北京：机械工业出版社，2012．

［8］刘毅．仓储作业实务［M］．北京：机械工业出版社，2009．

［9］常红，孟初阳．物流机械［M］．北京：人民交通出版社，2012．

［10］陈宏勋．物流技术与装备［M］．北京：国防工业出版社，2005．

［11］真虹，朱云仙．物流装卸与搬运［M］．北京：中国物资出版社，2004．

［12］张念．仓储与配送管理［M］．大连：东北财经大学出版社，2004．

［13］方兆罗．仓储与配送管理［M］．大连：东北财经大学出版社，2004．

［14］窦志铭．物流商品养护技术［M］．北京：人民交通出版社，2002．

［15］王婷．物流操作实务［M］．北京：机械工业出版社，2004．

［16］刘俐．现代仓储运作与管理［M］．北京：北京大学出版社，2004．

［17］黄文才．仓库保管员从业规范［M］．北京：中国经济出版社，2004．